摩訶毗盧遮那佛

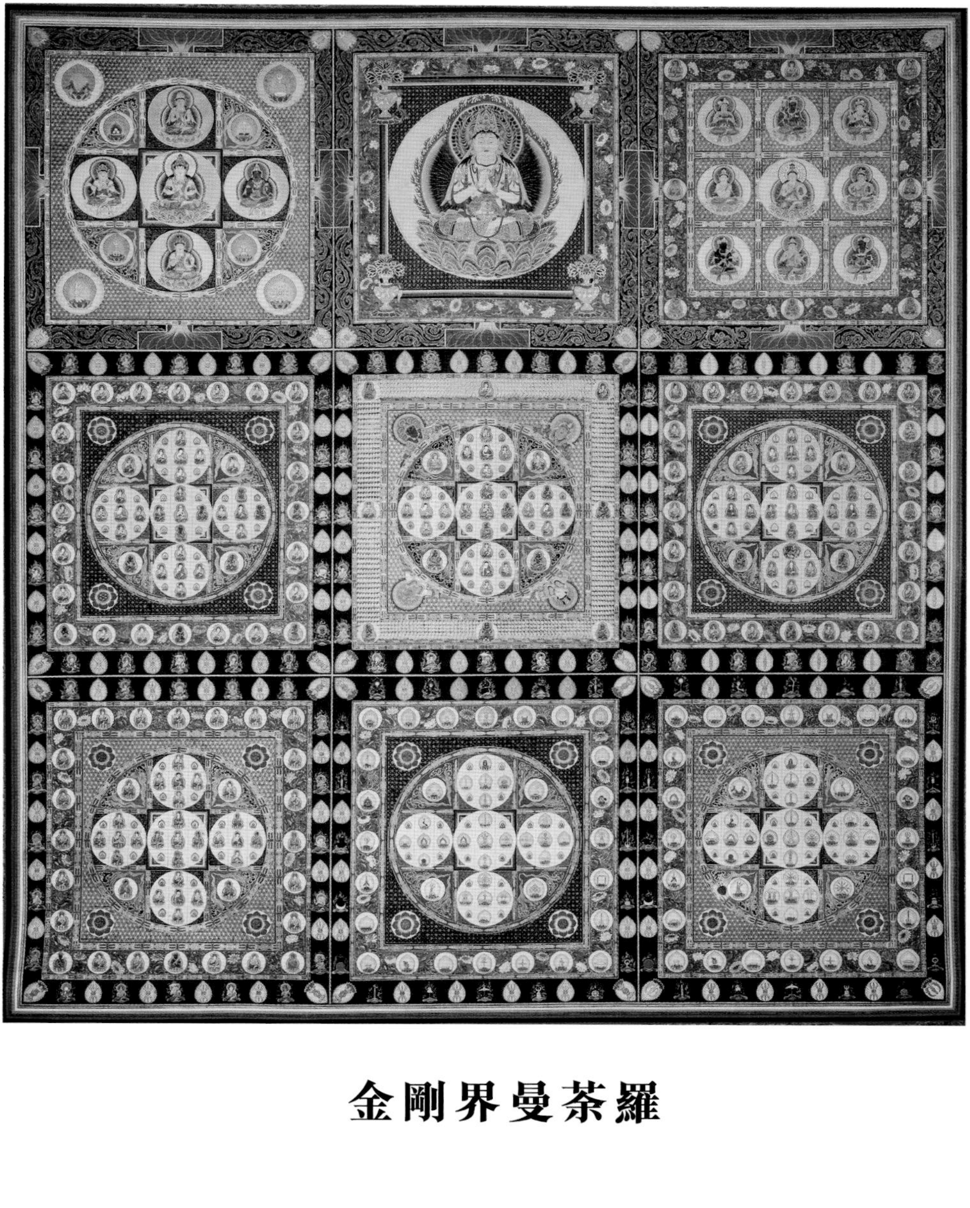

金剛界曼荼羅

胎藏界曼荼羅

日本佛教真言宗高野山派金剛峰寺中院流第五十四世傳法大阿闍梨
中國佛教真言宗五智山光明王寺光明流第一代傳燈大阿闍梨

悟光上師法相

真言密教聞中記

悟光大阿闍梨略傳

悟光上師又號全妙大師，俗姓鄭，台灣省高雄縣人，生於一九一八年十二月五日。生有異稟：臍帶纏頂如懸念珠；降誕不久即能促膝盤坐若入定狀，其與佛有緣，實慧根夙備者也。

師生於虔敬信仰之家庭。幼學時即聰慧過人，並精於美術工藝。及長，因學宮廟建築設計，繼而鑽研丹道經籍，飽覽道書經典數百卷；又習道家煉丹辟穀、養生靜坐之功。其後，遍歷各地，訪師問道，隨船遠至內地、南洋諸邦，行腳所次，雖習得仙宗秘術，然深覺不足以普化濟世，遂由道皈入佛門。

師初於一九五三年二月，剃度皈依，改習禪學，師力慕高遠，志切宏博，雖閱藏數載，遍訪禪師，尤以為未足。

其後專習藏密，閉關修持於大智山（高雄縣六龜鄉），持咒精進不已，澈悟金剛密教真言，感應良多，嘗感悟得飛蝶應集，瀰空蔽日。深體世事擾攘不安，災禍迭增無已，密教普化救世之時機將屆，遂發心廣宏佛法，以救度眾生。

師於閉關靜閱大正藏密教部之時，知有絕傳於中國（指唐武宗之滅佛）之真言宗，已流佈日本達千餘年，外人多不得傳。（因日人將之視若國寶珍秘，自詡歷來遭逢多次兵禍劫難，仍得屹立富強於世，端賴此法，故絕不輕傳外人）。期間台灣頗多高士欲赴日習法，國外亦有慕道趨求者，皆不得其門或未獲其奧而中輟。師愧感國人未能得道傳法利國福民，而使此久已垂絕之珍秘密法流落異域，殊覺歎惋，故發心親往日本求法，欲得其傳承血脈而歸，遂於一九七一年六月東渡扶桑，逕往真言宗總本山─高野山金剛峰寺。

此山自古即為女禁之地，直至明治維新時始行解禁，然該宗在日本尚屬貴族佛教，非該寺師傳弟子，概不經傳。故師上山求法多次，悉被拒於門外，然師誓願堅定，不得傳承，決不卻步，在此期間，備嘗艱苦，依然修持不輟，時現其琉璃身，受該寺目黑大師之讚賞，並由其協助，始得入寺作旁聽生，因師植基深厚，未幾即准為正式弟子，入於本山門主中院流五十三世傳法宣雄和尚門下。學法期間，修習極其嚴厲，嘗於零下二十度之酷寒，一日修持達十八小時之久。不出一年，修畢一切儀軌，得授「傳法大阿闍梨灌頂」，遂為五十四世傳法人。綜計歷世以來，得此灌頂之外國僧人者，唯師一人矣。

師於一九七二年回台後，遂廣弘佛法，於台南、高雄等地設立道場，傳法佈教，頗收勸善濟世，教化人心之功效。師初習丹道養生，繼修佛門大乘禪密與金剛藏密，今又融入真言東密精髓，益見其佛養之深奧，獨幟一方。一九七八年，因師弘法有功，由大本山金剛峰寺之薦，經日本國家宗教議員大會決議通過，加贈「大僧都」一職，時於台南市舉行布達式，參與人士有各界地方首長，教界耆老，弟子等百餘人，儀式莊嚴崇隆，大眾傳播均相報導。又於一九八三年，再加贈「小僧正」，並賜披紫色衣。

師之為人平易近人，端方可敬，弘法救度，不遺餘力，教法大有興盛之勢。為千秋萬世億兆同胞之福祉，暨匡正世道人心免於危亡之劫難，於高雄縣內門鄉永興村興建真言宗大本山根本道場，作為弘法基地及觀光聖地。師於開山期間，為弘法利生亦奔走各地，先後又於台北、香港二地分別設立了「光明王寺台北分院」、「光明王寺香港分院」。師自東瀛得法以來，重興密法、創設道場、設立規矩、著書立說、教育弟子等無不兼備。

師之承法直系真言宗中院流五十四世傳法。著有《上帝的選舉》、《禪的講話》等廿多部作品行世。佛教真言宗失傳於中國一千餘年後，大法重返吾國，此功此德，師之力也。

第一　教相之部

第二　事相之部

第三　灌頂之部

第四　曼荼羅部

追加

第一 教相之部

第一　教相之部

一、加持世界名目之典據

善無畏三藏『三種悉地秘密陀羅尼法』云：「其中胎藏，即是毘盧遮那，自心八葉蓮華也」；即於此心蓮華台上，為曼荼羅中胎，其外八葉，亦隨佛位次列布，四方即是如來四智，其四隅葉即是四攝法。且東南方普賢是菩提心，此妙因也；次西南方文殊是大智慧；次東北方彌勒是大慈，大慈大悲俱是第二義也；次西北方觀音即是證，謂行願成就，入此華台三昧也。其四方葉中，初𑖀字是東方，喻菩提心，為萬行之最初，黃色是金剛性，其名曰寶幢，亦名阿閦佛。次𑖁字是在南方，是行，是赤色，是火義，即同文殊之義，即是華開敷，亦名寶生佛。次𑖀𑖽字在西方，是菩提也，萬行故成等正覺，是白色，即是圓明究極之義，又是水義，其佛名阿彌陀，或云無量壽，次𑖀𑖾字在北方，是正等覺果，其佛名鼓音（天鼓雷音佛）是釋迦牟尼也，即是大涅槃，迹極還本故涅槃也，佛日已隱於涅槃山，故色黑。次即入中宮𑖁𑖽𑖾（長聲）字是方便，即知此心是法界之體，本來常寂滅相，此即是毘盧遮那，本地之身，華臺之體，超八葉，絕方所，非有心之境界，唯佛與佛乃能知之，以此方便，同於虛空而現眾像，中心空具一切色，此即是加持世界曼荼羅，普門之會無處不有也。但是如來一身一知行，是故八葉皆是大日如來一體也，此軌表明兩部之五佛不二，亦以五阿為兩部五佛之共同種子字及眞言。『大日經疏』第三云：「毘盧遮那以本願故，住於加持世界，普現悲生曼荼羅。」

二、有相無相之悉地

『尊勝佛頂修瑜伽法軌』下，尊勝眞言證瑜伽悉地品第九云：「悉地有三種，下悉地者，長生不死，地仙中為王，或世間一切勝事，巧妙合練赤白，種種勝事，多聞智慧福德無不具足，住壽萬歲。中悉地者，隱形悉地中，為轉輪聖王，住壽一劫。上悉地者，所加持藥物器杖等三相具現（煗、煙、火）得證五地以上。八地以來菩薩之身，一念之間無量諸天、大梵天王、無量帝釋天眾、毘沙門天王等，各領無量大威德天眾來迎，一念之頃，過十佛刹微塵數佛世界，一一佛前承事供養，隨眾生趣化度眾生，如是說者名為有相悉地之法。」其念誦藥物器杖者光明砂、雄黃、牛黃、大小還丹、龍腦香、水精珠、寶珠、眞珠等，如是皆有分數。其器仗者嚩曰囉、五股、三股、獨股、輪、鉤、數珠及寶冠等物，一一皆依法作之。其無相悉地者，前三種悉地為下悉地，若無相中悉地者，或得本尊身，若得應化身，乃至十地之位菩薩之身，號曰中悉地。其上悉地者，三業即是三密，三密即是三身，三身即是大毗盧遮那如來智，若得如是毗盧遮那之身，若證法界，普現色身同一法界，同一體性，一心之外更無一物而可得立，諸佛虛空相、虛空亦無相，心同虛空故，修瑜祇者亦同一體，一念之頃越三妄執，度三僧祇行，初發心時便成正覺，即是悉地之身，此是無相悉地中最上悉地之法也。

三、密號名字

『大日經疏』第四云：此曼荼羅法門亦復如是。如來以世間因緣事相，擬義況喻不思議法界，以俯逮群機，若可承攬，便能普門信解勇進修行，及以蒙三密加被，自見心明道時，乃知種種名言皆是如來密號，亦非彼常情之所圖也。依此釋，非常情所能測知故云密號也。

四、密教之三大重罪

一、退三昧耶，受法已不修行之人。二、破三昧耶，於密藏生疑謗之類。三、越三昧耶，不蒙師聽許，恣見聞秘密藏之類也。

五、宗通說通

宋譯『楞伽經』第三有宗通説通二種相。唐譯經第四：「以宗通云如實法，以說通為言說法。」文云：「如實法者，謂修行者於心所現離諸分別，不墮一異俱不俱品，度一切心意意識，於自覺聖智所行境界，離諸因緣相應見相。」

六、台密以十地分證為教門次第

智証大師雜鈔第一云：「入曼荼羅具緣品釋，七地以來為大悲萬行之所含養，如在胎藏，無功用已去，漸學方便，如嬰童已生習諸伎藝，今此一段，為當說此教行相，為當假說他家義（須準教門）」

此釋以地上之梯磴次第做為施設教門，非為行者實證之次位也。

七、大日經疏中之「今此中妙法蓮華曼荼羅等文」

天台學者云：當『大日經』中無妙法蓮華之號，法華大日兩經一致故，是假彼『法華經』之題號以為『大日經』之曼荼羅名。杲寶師評云：此義太非，何也？釋迦一代所有教說，一一名義皆是從法界宮會所流演，若此大日經中無妙法蓮華名義者，由何彼經有妙法蓮華稱耶，依之『大日經』下有云：「內心妙白蓮」。疏第五釋云：「此是眾生本心，妙法分陀利華秘密標幟。」

八、二種般若

『大日經』疏第三云：『般若有二種，有「與六波羅蜜和合般若」，有「實相般若」』。與六波羅蜜和合般若即是方便智，亦即後得智也。假令行布施時，簡擇利益之有無，有利益即施之，無利益即不施之，若此則與實慧不相應，徒施之反自損損他招來大過，一切準知之。實相般若即是正體智，照眞如實相之理故名實相般若，乃實相般若之境的第七囀之依主釋而得名。此二種般若是出源於智度論第六十五，彼論所說之「常住般若」即「實相般若」，「有用般若」即「和合般若」也。

九、台密法華之三身與密教之三身差別

智証大師本佛義云：「秘密教三身者，遍一切乘自身成佛，一大圓教佛也。」一行阿闍梨釋大日如來云：「今此本地身，妙法蓮華最極秘密處也」。我淨土不毀者常在靈山，正是此宗瑜伽意。準此釋，秘密之三身即是法華之三身，與迹佛永異，望本佛即有事理，開事即教是一，唯細論之並非無差別，法華之意是破迹化之眾的近成之執，顯本佛之長壽。於實成之本佛之相，非說之能盡故，法華之本佛是理秘密，非事秘密。眞言教之佛是事理俱密之佛，是故法華圓頓之行者，是思惟一實之境界，雖修一念三千之妙觀，手不結密印，口不誦眞言，意不觀本尊，眞言行人即結一印以供養法界諸佛，暫誦眞言利一切眾生，況得法界調寂，忽爾得見諸佛。故慈覺大師云：「三密結要諸經所

無，五智奧源唯在秘密教。」身之密印、口之眞言、意之所觀。雖似事相，此皆是法界之表示，極佛之境界也，此顯密二教其差別也。

十、「深信與信解」之淺深

依事依人，雖離疑惑，深信眞言教而修三摩地，然而未得本有淨菩提心之前相位者，即深信度尚淺；既得菩提心之前相，依此解而信成佛即名信解，可謂信解深也；又得本淨菩提心之前相，後更一層深信成佛即為深信，乃由信解更深一層也。故深信通於淺深，此深信能依經疏處處所說會悟也。

十一、有相無相之相對有三種

一、相即相狀，即色心等諸法之相狀名為有相，無色無形之空理名為無相，大疏中：「以世間之三昧道名為有相，以十緣生句觀為無相，即此義也。」二、相為差別義，即四曼之義相差別也。『大日經』第七：「自身與本尊各別觀名為有相，自身與本尊一體觀名為無相，故無相是平等義也。」三、相為造作義，從緣所生之有為生滅法名有相，無為常住之法名無相，須知有此三差別。

十二、大日經具緣品之佛法離諸相等之問答肝要

或折花、或燒香、或刻木、或掘土、或治地等之種種事業，如戲弄事不異，又似咒術眞言行人，豈能隨順無為無相之道乎。

今此疑問特殊，金剛手預先鑒知而舉出？如來亦依彼之疑問給與答說。若無此問答，秘密之法恐會墜地，留意思之。

十三、虛空三不盡

一、約時，虛空是絕三世之時，既無去來今，豈有盡期乎。二、約方，四方上下是約有分限之法而言，然虛空是無分限界量，依何方域而定乎。既無方域故不盡也。三、約相貌，有形相之法是有分齊，有分齊故必有盡所，虛空無相豈有盡所乎。

十四、諸佛不思議度生方便

『成佛心要』云：問曰諸佛本意令斷貪瞋等，何故卻令人起貪心，求世事利益耶？答曰：諸佛有不可思議度生方便，謂有眾生不肯直求菩提，且隨其所樂令持咒求之，由神咒不思議力，所求之事盡得隨心，一切罪障亦得消滅，自然超凡入聖，如小兒有病不肯服藥，彼有智醫人塗藥在母乳頭，其小兒本食母乳，不覺服著良藥除卻病苦。

十五、大日經疏中引瞿醯經之文

『瞿醯經』是不空三藏，於天寶年間歸唐以後所翻譯。一行是開元十五年入寂，又善無畏是開元二十三年入滅，謂何疏中引證不空譯之『瞿醯經』乎？一義云：無畏三藏於印度已讀過『瞿醯經』故，引述其梵文本歟。

十六、理趣經之殺害三界一切有情不墮惡趣文

檜尾口訣云：斷三界無明，實不殺眾生，其意乃三有根本是三界無明也。是故云不墮惡趣等乃至徧誦此經殺害眾生而無罪者，是愚痴及破如來教也。

十七、大日經說菩提實義之我覺本不生等文

高祖大師之意是以我覺本不生等五句，如次配地水火風空五大，又我覺之二字以配識大。疏家以「我覺本不生」一句配阿字門而釋之，「出過語言道」以下之四句是轉釋初句之本不生即阿字門，因此諸句皆屬阿字門，故兩祖之意一往相違。

十八、大日經第二具緣品所說之五種三昧道

佛世尊之三昧與菩薩之三昧及緣覺、聲聞，世間之三昧合為五種三昧道，於菩薩中有一生補處與八地二種，煞合之為菩薩三昧道，但說一生補處與八地之三昧道者，即約順常途教道淺略門也，諸文中有分別地位乃以顯教之行相來對比令眞言行人，知其法相而施設之教道也。

十九、得灌頂之位處

『仁王軌』云：從勝解行地乃至法雲地，於地地中，十方法界諸佛菩薩皆悉加護獲諸灌頂。依此文看地前地上之諸位各有灌頂，又『智度論』明說於三處灌頂，一是地前，二是初地，三是等覺位也。醍醐流之三重許可灌頂即依此歟。

二十、第八地沉空與第七地沉空

『六十華嚴』第二十八云：「菩薩住七地慧方便已淨，能入第八地離諸有量心，諸法從本來，無生亦無起，無相無有成，亦無去來。菩薩住是地，心識無分別，如入滅盡定休息諸所行，得是深忍已，一切想念滅，以本願力故，及佛令勸道，如是第一忍是諸佛職位，我等深智力，無畏不共法，汝今無有此，當加勤精進。」又『八十華嚴』第三十八云：明八地沉空及諸佛七勸事，(註：『入楞伽經』第八現證品第九說八地沉空)，以上是八地沉空之典據。『五秘密經』云：或證七地，以所集福德智慧，迴向聲聞緣覺道果，仍不能證無上菩提，又『智論』第十說七地沉空，立七住中得無生法忍心行皆止，欲入涅槃，爾時十方諸佛增放光明照菩薩身，以右手摩其頂，語言善男子勿生此心，汝當念汝本願，欲度眾生。以上是七地沉空之證，『大日經疏』說此七地沉空也。

二一、大日經具緣品所說之佛菩薩等之五種三昧道

大疏第七有三重釋，初重之釋是約常途顯教法門，故云此皆為未知秘密藏者，作此方便說耳。五乘未融，邪正殊歧，分為大小域。第二重釋有二意，一約開會決了，疏云開心實相門者，就大日經宗以常途顯教五乘之法門開會決了，定為秘密實相門。二者約眞言漸修之人轉昇階級之不同，如大疏中之行者初住有相瑜伽等文以知之。又云：不同餘教，以心性之旨未明故，五乘殊轍不相融會。第三重釋異於第二重之豎次第門，此即是橫平等門，疏云：若更作深秘密釋者，如三重曼荼羅中五位三昧，

皆是毘盧遮那秘密加持，與其相應者皆可一生成佛，何有淺深之殊，今偈中所說乃就彼等自所流傳法教而言耳。

二二、大日如來有二重

『大日經』能說之教主是在法爾之位，於自證極位以本地身而說之故。又約『大日經』流傳之始祖邊看，即屬隨緣位，故於一佛依內外相望即有二重之異，須知之不可亂。

二三、真言加持世間文字為真言等

『大日經疏』第七云：復次世尊，以未來世眾生鈍根故，迷於二諦，不知即俗而眞，是故慇懃指事而言，秘密主云何如來眞言道，謂加持此書寫文字，以世間文字語言實義，是故如來即以眞言實義而加持之，若出法性外有世間文字者，即是妄心謬見。又云：已知所加持處，如來以何法加持耶，故佛次言秘密主，如來如其種類，開示眞言法教者，以如來無量阿僧祇劫所集功德，而作遍一切處普門加持。

二四、大日經第二云：以種種句種種文種種隨方語言種種諸趣音聲而以加持說真言道之文

隨順彼彼之眾生，如其種類開示眞言道故，眞言法教者乃遍一切趣之名言，故經云說種種隨方語言種種諸趣音聲。然如來出世之跡是印度，所以約梵文可明其義，彼諸趣之名言非此土行用故，如普通眞言藏品所出之名言，遮文拏、拏枳抳等通表

餓鬼畜生趣之眞，然均通用梵文，此乃是傳法者之所為，並非彼等之本土用音。天台五大院之教時義第三，引當段疏而註釋云：「問若爾六道眾生種種言音，皆是眞言，何況五乘所説教法言音，當非眞言，是故諸顯教中經論章疏，天竺大唐日本諸宗學徒是非言音？寧非眞言？答：皆眞言，但彼不覺故：若於眞言體相如實覺故，各以自宗開為眞言，即是遍一切乘自心成佛之人，若於眞言體相不如實覺，增上慢故，各於所學為眞言體法，即此文中所指生死中人耳。」『菩提心義』第二云：「又義譯云以佛出世跡降五天，且以梵字為眞言體，若約實義，一切世界六趣言音，悉皆眞言。」

二五、大日經第七、今以本地之身又是妙法蓮華最深秘處之文

古來有三義，一是指法華經為妙法蓮華，最深秘處亦指法華，對望迹門的本門之佛為最深秘處，此義之意是『大日經』之本地身即是法華的本門之佛。一是妙法蓮華非指法華經，是指大日經為妙法蓮華，『大日經』第二卷有云：「內心妙白蓮」，同疏釋云：「妙法芬陀利華」，如此，何必假借大日經之稱法華耶？最深秘處者，又是指大日經之本地身也。中胎藏內深玄之故云最深秘處也，一是說妙法蓮華雖指『法華經』，俱最深秘處即指『大日經』，『大日經』是妙法蓮華之最深秘處，於此三義中第三義比較穩當歟。

二六、要入真言門唯依信力

『大日經疏』第十一悉地出現品釋云：「此眞言不可思議果，既非分別能知，亦非隨力分有著行處，小對治行而能取證，是故唯信力堅固者乃能入之。」

二七、大日經是以阿阿暗噁之四字為體

『大日經疏』第十一云：「此四字是此一部經中正宗體也，一切秘藏皆從之生，即是毘盧遮那佛心也。」

二八、初地以上之微細無明

『大日經疏』第十二轉字輪曼荼羅行品疏云：「雖菩薩入於地

位，然由未了如來甚深秘密之境，即是微細無明亦復是苦。」

二九、即身成佛有四重

一是修生之即身成佛，『大日經』世間成就品之所說；二是本有之即身成佛，同經悉地出現品之所說；三是本修不二之即身成佛，成就悉地品所說；四是同經轉字輪曼荼羅行品之所說，字輪品是於諸法法爾如是住位安立一切法，以一切法之一一是法性法身，以是故絕對也。

三十、大日經疏以五大為法界體性之文

同疏第十四云：當知此十二字法門即是法界之體性也。疏之前文以𑖀𑖁等之十二字釋四大五大，以之可知疏主之意。

三一、師教即佛敕

『大日經疏』第十五云：「佛敕者當知即是師教，以師順佛教作故更問也」

三二、密教不可如文義解

『大日經疏』第十五云：「若人師如文取義，但依前言次第法用隨事而作，當知此人在愚夫地，不能了達秘密之用也，當知作如是解，即非一切智人之所說也。所以然者，若不能淨此心地，猶有分別妄想，則未能捨離苦因，是故非是等正覺者之所說也。」

三三、五種三昧道與五種曼荼羅

般若寺『大疏鈔』第三云：「問：三昧耶與秘密曼荼羅有何差別？答：能所異也。問：爾云意何？答：三昧耶是能修行人事，即要誓之義，秘密曼荼羅是所修行海會諸尊等也。

三四、大日經疏第十六之「前緣起列眾中，或以除蓋障替觀音，或以除一切惡趣替文殊，其義各異課用一事亦得」之文的料簡

一義云：『大日經』第一住心品云：「普賢菩薩、慈氏菩薩、妙吉祥菩薩、除一切蓋障菩薩等。」今緣起列眾者，指此文歟。但除蓋障替觀音者爾也。除惡趣替文殊者無之，若可謂爛脱歟。

一義云：『大日經』第二具緣品云：「四寶所成瓶，盛滿眾藥寶，普賢慈氏及與除蓋障除一切惡趣而藥以加持。」疏第八云：「復次四寶所成瓶者，即是毘盧遮那四德之寶，置在中胎四角，如上所說以不動明王作加持已，復次四菩薩眞言各持一瓶，普賢是無盡願行寶，慈氏是無盡饒益眾生寶，除蓋障是無盡淨知見寶，除諸惡趣是無盡大悲方便寶等。」又云：「今緣起列眾者，指此具緣品文歟，住心品四菩薩第二重眷屬菩薩眾，非八葉四隅菩薩，仍今列眾者，指具緣品寶瓶加持列眾文也。」

一義云：緣起列眾者，指住心品，其意云或住心品以除蓋障替觀音，或具緣品中以除惡趣替文殊也。此二箇「或」之文中，下「或」字不可為列眾中也。

靈雲寺慧光師云：「向來三義各得一途，其第一義，就緣起列眾言。其第二義說明觀音文殊替除蓋滅惡事。其第三義，頗似穿鑿，然兼用前二說意，今謂初品緣起列眾中，言普賢、慈氏、妙吉祥、除一切蓋障者，即具緣品中，為如來四德普賢、慈氏、除蓋障、除一切惡趣也。雖言第二重中胎院相違，而究其實則是一也。何者？在其外者本出於內，今此四聖本是大日四德，是故一而四，四而一，宜哉觀音為除蓋障，文殊為除一切惡趣也。」註云：教道八地以上皆在除蓋障三昧位，然具緣品中，第八地菩薩號為觀自在者，又瑜珈護摩軌，以文殊作漱口法，以滅惡趣尊為護摩尊，其同一三摩地可知。

三五、真言門所說與餘經所說之灌頂的差異

安然和尚『菩提心義』第四末云：「問愣伽經云：初地及等覺

位並得二種住持力，一者三昧住持力，二者一切諸佛授與灌頂住持力。又諸大乘五十二位中，第十住名灌頂住，與此中自他灌頂法同異如何？答：彼並通別教義，唯說他灌頂法不知自灌頂法，若圓教中初住以上，本下迹高現三身佛，其中報身亦在尼吒灌頂受位已，入密藏具二灌頂。若真言門，凡夫以上，位位常得自他灌頂，乃至諸佛三密遍一切處無記，化化有感自應，故知眞言凡夫以上，修自灌頂之時，諸佛菩薩即處即現亦授灌頂，但以盲愚未得覩見。

三六、種子字之了因生因

大師什問答云：問何故覽字為火種子？答：見此間火字即知火體，為生覺因故云種子。仁和濟暹僧都云：眞言以𑖀阿字等為種子者是了因種義也。

私意即約生滅門之四種言說來論種子義歟。有能所詮之別故，又阿字即地大乃至佉字立為空大，以阿（𑖀）嚩（𑖪）羅（𑖨）訶（𑖮）佉（𑖏）之五字為六大體性，來論四曼能生之生因，即宇宙之原則，萬有之根本，此乃依眞言之如義語也。

如義語是詮旨不別之故，即六大法界體性中本來具有之法曼荼羅也，大、三、羯等準此而知，此云法界曼荼羅。又隨緣門之前即六大是體為能生所依，四曼之相是所生能依也。法爾門之日即體相用之三大各各本有宛然住於法位。『即身義』云：「雖有能所二生都絕能所，法爾道理有何造作，能所等名俱是密號」以之可知。

三七、阿字與六大及疏家宗家之異

『大日經』住心品疏遍明鈔第七云:「但大師即身義引大日經雖立六大,疏家無六大建立釋,只以阿字為諸法本源,阿字者即六大本初不生體也,二重深意仰而可測之。」

私意即「高祖大師即依華嚴之事事無礙法界為准據,建立六大為萬有之本源者,疏家是由龍樹之八不中道之意,以阿字本不生為萬有之原則,各有准據,但六大緣起是弘法大師之案所立歟。」

三八、六大體大之位有四曼

遍明鈔第七云:「有云六大位有四曼,謂黃白赤黑青是大曼,方圓三角半月團形五輪即三曼，𑖀𑖪𑖨𑖮𑖽𑖏𑖽是法曼，大日寶幢開敷彌陀天鼓是羯磨身也。此位雖有四曼，同屬六大為能生，自餘四十五字為心數諸尊種子，並餘尊三大羯等皆屬四曼為所生，言五佛宰一大表五大故，五佛大三法羯皆屬六大，自餘諸尊為四曼也。」

『五輪九字秘釋』云：「復次法身有五種，前四身並法界身故，曼荼羅有五種，前四曼加法界曼荼羅故，『聖位經偈』曰：自性及受用，變化並等流，佛德三十六，皆同自性身，並法界身故，成三十七也。又『禮纖經』自性身外立法界身，依此等證文四身之外有法界身，法界身者六大法身也。」

三九、菩提心之依主釋與持業釋

顯密並有兩釋，顯教之依主釋是，菩提是所求之果，心為能求之因位心故，菩提之心是能所求別體的依主釋，八囀聲有第六囀之所屬聲也，即能求之心外求菩提也。『法界無差別論疏』云：「菩提此云覺，謂佛果大覺，於此大覺起心正求，從境目心故云菩提心」，此是依主釋之義。又「釋准下自性淨心，則是性淨菩提故云菩提心，此乃菩提即心故」，此是持業釋也，以眞如本覺心名菩提心也。又於密教，以本有本覺之菩提為所求，以始覺修生之心為能求，乃是依主釋，又所求之菩提非離能求之心而解釋，即為持業釋。云何菩提，謂如實知自心之經文，以此可以佐證知之，故所求能求皆是菩提心，即六大四曼三密圓滿具足之心。此於顯教之一心利刀勿混之。

四十、第九識發心、第八識發心、第六識發心

遍明鈔第八云：「眞言行人成立第八識發心義，今教以東方第八識大圓鏡智為能求用，以第九識中台菩提為所求體也。是本覺宗故先發深識之淺為次第也。問：凡夫何直發第八識心乎？答：教力勝故。」次第九識發心釋云：「是故今教眞實發心義者，唯於第九識論之也。中台自證後，東南西北因行證入即垂跡化他位也。問：此教全始終，無六識發心義歟？答大綱六識發心是顯，八識發心是密也，雖然自家有六識發心深義，謂東方八識發心是胎藏義，西方六識發心是金剛界義，「不能委細更問」。

四一、如實知自心於十住心有傍正通局之義門

『十住心論』第十云：「經云：云何菩提謂如實知自心，此是

一句含無量義，賢顯十重之淺深，橫示塵數之廣多。」又云「心續生之相，諸佛大秘密，我今悉開示者即是豎說，謂從初異生羝羊暗心，漸次背暗向明求上之次第，如是次第略為十種，如上已說。」就之有「與」、「奪」二義，約「與門」即前九住心依各各當分之自教而生智解，此是分分之如實知自心義，又以秘密之慧眼見之而融會決了者，三乘六道皆悉毘盧遮那普門法界之曼荼羅聖眾也，故十住心皆如實知自心也。十住心皆攝入法界曼荼羅，雖是橫平等義，然為論豎的十住心故屬橫中之豎也。胎藏之四重圓壇雖皆是大日之一體，約佛身之上中下故分四重之淺深，即此義也，此是通義亦是傍義也。若約「奪門」正意，前九種住心皆是無明分位，故非如實知自心，如實知自心唯在第十住心所局。

四二、中台八葉之九尊為與心王毘盧遮那相同，同為果德之尊有二釋

一、『大日經疏』第三云：「毘盧遮那本地常心即是華台具體，四佛四菩薩醍醐果德，如眾實俱成，此釋九尊共台實以之為同果」。

二、同疏第二十云：「然此八葉及中台五佛四菩薩豈異身乎！即一毘盧遮那佛耳」此釋以大日為台實，四佛四菩薩為八葉，而八葉即因，中台即果，然以因果不二故，總為一毘盧遮那身也。

四三、四重圓壇之曼荼羅攝實類凡夫在其中

四重曼荼羅即是十界輪圓之壇，故一法不能越出此四重壇

外者，是故實類之凡夫業感身即住於四重壇中，何者：𑖦𑖜𑖿𑖚𑖩曼荼羅第四重之六道即是我等凡夫之業感身也。釋迦為能化而住之，釋尊出世時代之婆娑世界，所化眾生亦不能漏之，將之圖繪為第四重曼荼羅，若有實類之凡夫漏出即遮那之萬德有闕減，豈成輪圓具足乎！

四四、六道凡夫即毘盧遮那如來之等流法身

此教實談，六道凡夫悉是毘盧遮那等流身也，於四身分別本迹者等流身即迹也，即法身毘盧遮那之垂迹也。興教大師云：「不動九界迷情，悉目等流法身。」

四五、四重曼荼羅本迹論

一云：四重皆本地法身，自性輪圓十界之具德故，四重同諸佛之自證，亦是行者顯得之自性，本有具德之圓壇故，悉本地也。

二云：此四重於本迹合論，此亦有重重，一以中台及初二重為本，第三重為迹。大疏第三「以第三重為一切眾生喜見隨類身」故云。又大疏第六「以第一重第二重相同，此二句是如來秘藏，非普為一切眾生」故云。此第二重是法身智慧故為內證。釋尊生身之標幟同應六道故為外迹，二者以第二重第三重併為外迹。大疏第一云：「諸執金剛一向是如來智印，今此菩薩義兼定慧又兼慈悲，定慧慈悲是化他之業用故。」

三云：第一重以下皆外迹，大疏第二十云：「是故八葉皆是大日如來一體也。若如來但住自證之法，則不能度人，何以故？

此處微妙寂絕出過心量，說何示人耶？故漸次流出漸入第一院，次至第二院，次至第三院。」是智悲俱而化他，即外用故為外迹，獨以八葉中台之九尊為內證。

四云：唯中胎以為本，八葉以外皆為迹，大疏第二十云：「次即入中惡(長聲)字是方便也，此是毘盧遮那佛本地之身，花台之體，超八葉絕方所，非有心之境界，唯佛與佛乃能識之，此以中台為絕對獨一法界，而八葉猶屬方所故應現外迹。」

如是雖義門重重若論本無不是本，談迹悉皆是迹，故本迹不二、不思義是一味也。

四六、四重圓壇配當四種法身

以四種圓壇配四種法身有二理趣，一是四種圓壇之諸尊各各具四種法身，『秘藏記』云：「法身應身化身等流身，此四種一身之所互皆具足。」二是四種圓壇之諸尊分為四種法身，『秘藏記』。云：「中台為法身，四佛為應身，釋迦為化身，金剛部為等流身(取意)，此為一往之配當據勝為論也，再應之據實通論是如前義，中台并三重曼荼羅皆自性乃至皆等流身也。」道範云：「凡秘密壇四重皆自性也，嘉會壇四重皆受用也，大悲壇四重皆變化身也，凡夫所感見四重皆等流也」(遍明鈔第六)

四七、隨種種趣安立無量乘而是否有生地獄之說法

性相修生門前，地獄是重惡極苦之處故，沒有樂欲之機，是故沒有說生地獄之法的佛教。佛教唯人天及三乘、五乘，八部眾中之鬼畜修羅等皆受佛化故攝於人天乘中。又於鬼畜中有大

福德之類故，若有眾生樂欲彼者，佛即為彼說生彼之法以引入佛法，地獄即無此事。

又大悲方便門之前，佛明白鑒知眾生得道之本末，若有眾生墮落地獄可以速疾得度之機類者，為彼亦不遮十惡，『大日經』方便學處品之惡即皆方便隨作之行，以之可知，十惡即墮地獄之法。

又毘盧遮那輪圓具德門之義，則是密教之正意，謂十界一一之依正，皆悉大日如來之己體法身也。

故紅蓮之冰，阿鼻之炎，此皆大日之依正，胎藏四重圓壇是大日如來之己體，十界輪圓之曼荼故，佛於眞言機根之前平等宣十界性欲所宜聞之法，眞言頓入之機，或處地獄或在傍生，聞此教而以地獄鬼畜道之身發心修行得入普門法界。經之隨種種趣安立無量乘之說，即是示此旨，但現圖曼荼羅所繪即略之，最略之曼荼羅故也。一傳云：現圖曼荼羅之婆藪仙即是顯此地獄，此仙為地獄眾故也。天台之湛慶阿闍梨云：「胎藏之圖曼荼羅中十界具，但無地獄，此以炎魔天攝之，阿闍梨所傳之曼荼羅具有八寒八熱之地獄圖，十界輪圓之義炳然也。」

四八、因行證入方便之五轉有三次第

一云：秘藏記云：

此是中因發心之次第

圖(一)

秘藏記云：中𑖀阿，因本有菩提心，依是心發菩提心故云因也。是本有之菩提心依之發修生之菩提心故以為因東𑖀阿行亦因，依本有菩提心，發歸本心修行故，曰行亦因，此教為性德本覺之教，故雖言始覺，亦順本覺之緣起，故依八識發心，次第出前五識為修生，即此修生之菩提心望本有之行也，修生最初之發心為修生之行因故云亦因。此因望本有而言，即有一分萌動之義故云行。故中因是本有，邊之四是修生，又准東𑖀行亦因的解釋，即南證亦有行之義，何者？以中因為本覺時，四方增加之𑖁𑖀𑖽𑖀𑖾𑖁𑖽𑖾如次始覺之因行證入，故以南𑖀為行是故以第五之𑖀𑖾字望中因即成方便，但以望行亦因之因即是涅槃，然以北方為入涅槃前方便要置在何處？此古來有二義，一云：「望本覺垂迹來看，以住生死為極，北方釋迦佛之生死海中之無住涅槃即方便也，故無入中之義。」二云：「若望始覺之行即還入中𑖀字，以此𑖀為方便者，為世間之種與果是一體故，以果望後即種，以種望前即果，初𑖀後𑖪𑖽俱大日之種子即此意也，但前之圖是依中因為始，以北為方便之義。」

二云：『秘藏記』云：此五點之次第是中東南北西之緣起次第也，於南方證菩提直出北方為釋迦之六道能化，此之化他方便盡未來際故，西方為無量壽，故次出西方，此即方便究竟也。具緣品云：「東方號寶幢身色如日暉，南方大勤勇遍覺花開敷，北方不動佛離垢清涼定，西方仁聖者是名無量壽。」大疏第四釋云：「次於西方觀無量壽，此是如來方便智，以眾生界無盡故，諸佛大悲方便亦無盡故名無量壽。」以西方為方便者經釋分明也。

中因有此二樣者，中因發心是東方以後即果後化他之方便，果後總融會無礙故無定準，故示此二種之說。

圖(二)

三云：大疏第六云：「此次第是通常之因行證入方便，東南西北中之次第也。」大疏第二十云：「初𑖀字在東方乃至諸方中東為上故喻菩提心，是萬行之最初也，其名曰寶幢佛，次𑖁字是行也，若但有菩提心而不具修萬行終不成果，其佛即是花開敷也。次𑖀𑖽字即三菩提也，以萬行故成正覺，其佛名阿彌陀，即西方也，次𑖀𑖾即鼓音即是大涅槃，其噁字是正等覺之果，果故次説也，次入中噁𑖁𑖾字是方便也，此是毘盧遮那佛本地之身花台之體也。超八葉絕方所，非有心之境界，唯佛與佛乃能知之。」道範云：「如上三説，以中為方便是法身，以西為方便是報身，以北為方便是應身也。」

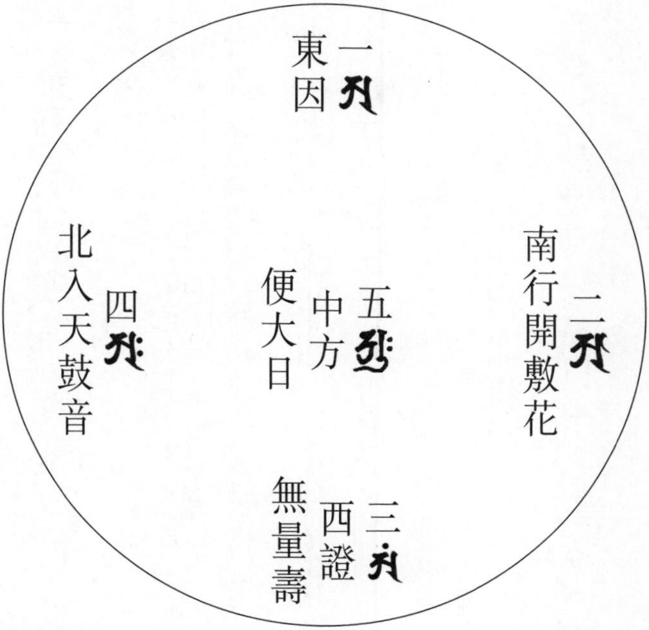
一 東因
二 南行開敷花
三 西證無量壽
四 北入天鼓音
五 中方便大日

圖(三)

四九、大日經住心品：只菩提心為因句有明示，大悲為根，方便為究竟之二句只有其名都無其說文

一義云：三句總結，只是菩提心故，但說明菩提心餘之二句盡攝之。

一義云：住心品唯說無相菩提心，餘二句在具緣品以下說之，故住心品疏之終文云：「已說淨菩提心諸心相竟，從之以下明進修方便，及悉地果生也。」進修方便者，大悲為根之句也。悉地果生者，方便為究竟之句也。

五十、得入頓悟法門之機根

於住心品及具緣品以下之說段有得入之機類，如法華之法，

於譬因之三週云隨其機根而得悟，或是聞住心品一品而得入，或是聞『大日經』一部了得悟之機亦有，『遍明鈔』第九云：「此事實難分別之，但是法如帝網，一珠入一切珠，故取一珠即取一切珠，如是段段得入者，雖然一珠不成網，結十方一切珠為網，約此義一品一部皆應一人所被，一人上一門，普門行布圓融等，無數根機具足故，一段得入，一部開悟，二義宛然具足，俱時證入也。」

五一、大日經之心虛空界菩提三種無二之文

此三即是指菩提心為因之句中的三部之功德，其法體是菩提心也。心是自性清淨心故是蓮花部之德，菩提是覺智，故是金剛部之德，虛空是周遍法界故，表佛部之德也。疏釋云「本同

一相」，結歸一阿字也。

五二、大日經之住無為戒與三昧耶戒之同別

道範師之意云：「無為戒與三昧耶戒有別，何者？彼之三昧耶戒是從師作法而受得之戒，即四波羅夷十重禁是也，不由白四羯磨之緣力不能發得。然無為戒者疏云非造作法不由他得，又世世生處恆與俱生不假受持常無失犯，由此釋故，此戒乃非作法受得之戒明也。此無為戒是與除蓋障三昧俱轉之法故，如小乘之道共戒、定共戒，除蓋障三昧自然之具德也。又如佛與獨覺之自然得戒也。

第二　事相之部

第二　事相之部

一、三時行法

『慈氏菩薩念誦法』上云：「每日三時念誦作法觀行等事，言三時者從後夜（三更）至齋時（早上），從午時至未時，從初夜至三更」云。

二、手印相

『慈氏菩薩念誦法』上云：「手印相者謂誓教法，即如國王敕級印文驗，隨所行處無人敢違乖承，此如來誓教法印亦復如是，一切凡聖及諸天龍惡魔鬼神皆不能違越，又復如奉敕使一人去雖有𢤱過以奉進止無人敢違，此如來教敕亦復如是」云。

三、內護摩觀

『尊勝佛頂修瑜伽法軌』卷下云：「第二內護摩者三處同一體，三處同一體者，大曼荼羅即是護摩曼荼羅，護摩曼荼羅即是己身，己身即是火天，火天即是毘盧遮那如來，毘盧遮那如來、火天、己身三種無二等差別，同一體故，具足三身，大日遍照法界無所不遍，不生不滅，離言離想，生與無生無非大日故，號為法身。護摩者此方為火天，火天能燒草木卉林無有餘者，天者智也，智火能燒一切無明株杌，無不盡燒。遮那大日即是法身，火天智火即是應身，能住方便即是化身，故經云方便為究竟，能作一切佛事，是故自身為化身，此三種同一體相，入五智輪，頂上觀法界生，智火燒除一切業障等能滿一切眾生願」云。

四、道場觀表示

『佛頂尊勝破地獄三種悉地』軌云：「成金龜是佛性也壇，成三重摩尼寶殿即欲色無色界，其妙宮內十肘壇場即十法界，其中阿字變成四肘琵石即重曼荼羅也，其重者發心修行菩提涅槃也。」是五字者是名秘密悉地也，亦名蘇悉地，亦名成就悉地，蘇悉地者遍法界成就佛果證大菩提法界秘密言，𑖀𑖪𑖰𑖨𑖮𑖳𑖽𑖏𑖽即五字。

五、軍荼利通三部明王

『瞿醯經』上云：「其軍荼利尊通是三部明王辟諸難故。」

六、莽摩計三部通母

『瞿醯經』中云：「然其莽摩計通三部母」。

七、供養物不足時總運心供養

『瞿醯經』中云：「或若不辨但供部主，或但置於內院，表心供養諸尊。」又云：「前所置食以心運，供於第二院第三院所有諸尊。」又云：「或若但以兩疋衣服置箱中而奉施內院，運心普施一切諸尊。」

八、裸形修法

『瞿醯經』下分別護摩品云：「若作降伏事者應著青色衣及血濕衣，或破壞衣，或作裸形。」

九、諸施中承事為最

『瞿醯經』下云：「然於諸施中承事為最」

十、辟除結界與結界辟除

多數儀軌均依辟除結界次第而行法，先辟除魔障等，後結界護城之意也。

『要略念誦經』云：「左轉擗之，右繞結之，是名結護。」又云：「以此明印觸諸供物及左右迴轉是名辟除結護，左轉逆辟除，右轉順結護。」

又儀軌等有結界辟除之次第

『底理三昧耶經不動威怒辟除障難印明』第二云：「密誦三遍或七遍以印右旋結護，左轉辟除。」『金剛王儀軌』云：即以麼多眼（右眼左眼）瞻視虛空諸佛，旋轉視八方，散射金光（剛）焰結界及辟除處等金剛城。

『高祖大師御作之胎藏發信解心次第』云：「次大界，虛合入二風水，順逆旋轉結十方。」

傳流胎藏念誦次第三世不動註云：「順逆如常，附紙云順三遍慈救咒一遍，逆三遍慈救咒一遍。」

論曰：「辟除結界之次第是辟除退散魔障後結其界域之義也。」

故輪壇道場內魔障不存在，此則是遮情遣迷之教理，非表德之實義，是淺略法門也。表德實相之輪壇是綱羅法界不捨一塵一法，豈捨去魔羅障礙者，結界辟除之次第即不退散魔障，取之以為淨菩提心之功德法財，綱羅法界而結大界，以諸內外之障難為自己寶藏中之寶財，而辟除其上所帶之遍計所執，如磨黃金之器物，去其所著塵垢，此則表德實義之法門也，最深秘也。亦云先結界是約本覺門，所有人法及微塵計之法，無非性德故，天台尚談性惡不斷，況乎密教耶。又先辟除是約始覺門，始覺修生之旨是以轉迷開悟為本故，此二途之理若會得即通融無礙也。

十一、入佛三昧耶法界生轉法輪

『大日經疏』第九云：「由入佛三昧耶故，於胎藏中不令夭折，由法界生故，初出胎時離諸障礙，由金剛薩埵故，能轉家業備諸伎藝，如次因根究竟三句配之也。」

十二、正念誦觀

身前觀念本尊眞言之字，由本尊口出入行者之頂上，由行者之口出入本尊之臍輪，其字道不間斷而成輪形，或如連珠，如是觀為聲字觀，即六無畏中初之善無畏之觀也。

十三、眞言行法中特以供養念誦為最要

『奧疏演奧鈔』第二云：「供物者是又雖具緣攝，所以別出者，眞言行法雖多眾緣，以供養念誦二種為最要，於供物專可用意，是故別出也。」

十四、瑜伽行法中對治魔事之三門

一住「攝受門」，謂出現種種異境時觀之，彼魔類以一念之迷心不能自出離，反會妨害他人之善，故行人深起慈悲心，修種種法迴向濟度方便，所謂修光明眞言或大隨求陀羅尼等之滅罪法是也。爾時彼之魔類蒙受慈悲之恩改其惡心生恭敬，於法事不敢障礙也。二住「折伏門」，謂住不動或降三世明王等教令輪之三昧，以印明加持，而種種呵責，降伏彼之剛強心。爾時

彼彼魔類即馳散四方不敢近於行者。三住「平等門」，行者住於平等法界觀，或作十緣生句觀，謂諸法無自性，取捨具不可得也，今於其中觀誰是能障，誰是所障，或是觀迷悟不二，三毒五欲皆是佛之密號名字也。漏綱之畜鳥皆列為曼羅聖眾、伺隙之魔黨全居密嚴海會，如是觀想諸法之實相時，魔界障礙之假想忽息，歸彼彼之實相也。

十五、肘量之問題

『陀羅尼集經』第十云：「其肘長短隨其咒師之肘長短以為量數」，安祥寺慧運云：「言一肘者自肘本端至中指末也，一尺二寸云。」慧苑『華嚴經音義』第三云：「佛本行集云，一肘謂二寸」，『翻釋名義集』第三云：「一肘人一尺八寸，佛三尺六寸」，

『俱舍頌疏』第十二云：「積穬麥為一指節，三節為一指，二十四節橫布為一肘，解云：計一肘有一尺八寸。」現代人大約一尺二寸，常用一尺六寸，或一尺四寸，若依咒師之手量即寸法不定歟。

十六、息災法起首之時間

『大日經疏』第四云：「食前可作息災」，高尾御口訣云：「始法之時，若依毘盧遮那經者，息災日出時。」『瞿醯經』云：「若依息災曼荼羅者，於日沒時起首而作法。然諸曼荼羅皆於日沒之時起首而作，明相未動要須撥遣，此名都作一切曼荼羅法。若違此時作曼荼羅者必不成就。」云。

將上述所云相違點加以融會，古來即有一義云：「胎是以日出為首，金是以月現為初，護摩息災即以初夜為首，是故胎以食前為起首，金是以初夜為起首，日月乃理智之表示也。」，杲寶師云：「按『大日經』之意，作壇起首，雖指食前之時，但入曼荼羅是第七日之夜中行事，故不相違也。」

十七、日時吉凶一往之說

『大日經』具緣品云：「時方相貌等，樂欲無明覆，度脫彼等故，隨順方便說而實無時方。」『要略念誦經』云：「祈無上願莫念時處，不慮吉凶，不依儀式，但能正修及正迴向，運心供養亦速成就。」善無畏三藏『佛頂尊勝儀軌』下云：「淨與不淨，但發菩提心為淨，內外緣合不擇日時」，不空三藏譯『仁王念誦法』一云：「如有切要不得依日」，金剛智譯『如意輪瑜伽法要』云：「此大悲軌儀不擇日及宿，時食與澡浴，若淨與不淨，常應不間斷，遠離於散亂空閒寂靜處，不營諸世務。」北本『涅槃經』第二十云：「耆婆白王：大王如來法中無有撰擇良日吉辰，大王，如重病人，猶不看日時節吉凶唯求良藥，王今病重求佛良醫不應選擇良時好日。」

於諸儀軌擇吉日良辰者，即隨轉世間之巧方便也。『大日經疏』第四有淺略深秘之三釋可見之，若於某國家選擇日時等，在密教即可隨轉，擇其日時也。

十八、驚發地神之長跪

『南山道宣歸敬儀』下云：「跪者謂尻不至地斯正量也。僧是丈夫剛幹，事立故制互跪，尼是女弱，翹苦易勞故令長跪，兩膝據地兩脛翹空，兩足指指地挺身而立者是也。經中於行事經久，苦弊集身，左右兩膝交互而跪，經中比丘亦有兩膝至地白佛者。」『慈覺大師在唐記』云：「長跪者雙膝翹二足指也。」

十九、驚發地神之定手印相異說

善無畏三藏『廣大儀軌』云：「驚發地神偈：定手執智杵於心，慧手五輪安其地」。慧琳建立壇法云：「雙膝長跪，以定手執金剛杵當心直豎，以慧手舒五輪平掌按地，誦前經中驚發地神偈七遍每誦一遍一按於地。」智慧輪三藏說亦同之。

慧琳、智慧輪俱是不空三藏之弟子，故以不空之口說可知之。

高祖御作之『胎藏備在次第』云：「長跪慧取三股三度抽擲，移取定當胸。」『作禮方便次第』云：「左五股或三股當胸」，又長慶公『胎藏三家次弟』云：「禪林云左手作拳仰安股上，右手掌從膝垂下浮轉地上三遍」，『大日經疏』意同之故，不示持杵儀則歟。又新渡『胎藏普通念誦儀軌』，驚發地神印相圖，「左手擎香炉右手按地勢」，『新渡軌』未知作者。又驚發地神之印有無畏三藏兩傳，一是如『廣大軌』，一是如『大日經疏』也。

二十、正受

『五大院菩提心義』第二云：三昧者略具云三摩地，天台云調直定，玄奘云正受，正受現法樂等故云正受，住定印云住正受也。

二一、大日如來形相俯同首陀會天事

『三井最珍鈔』云：「問究竟圓滿位何如菩薩像乎？成道以前

可如首陀會天，正覺之後可果滿相也。例如人中成道，因果之相別，何況四佛出家形，中尊菩薩形如何？答：人中先出父母家，後出二死家故，出家受戒成正覺也。首陀會無父母故，無出家之相，故菩薩成正覺也。加之眞實成道，非捨因得果，無始無終佛故，顯因果一體之義歟。但四佛出家形約應佛，四方正覺之形類四智之德，四角四菩薩類四形也。四智四行即一體，具足因果功德也。又云：大日如來成道以前即十地菩薩故，俯同彼天，成道以後，因果一體故猶其像也。

智証大師些些疑問云：「當知第四禪頂及菩提樹下示正覺皆是化儀垂迹之權，菩提樹下成正覺者示同人間現化物相。首陀會天成正覺者示同彼天現化之相，總是俯同之事都無眞實之體（而不即不離人之與天），蓮台為實智，八葉為方便，言實智者自證之體無有度人事，從此自證中現無上勝應之身，或俯同首陀，或降樹下，並是迹中之事，故言從華台中大日勝尊現。」

二二、轉字成身

轉種子之字現成羯磨身者，是由法現人故即法身也。非隨機之應身報身故是最深秘也。

二三、五字布身觀

『入秘密曼荼羅法品』之意是以字燒之成壽命灰燼。因字而更生壽而生無垢五輪具足，成就堅固菩提心，此乃入秘密曼荼羅之行法也。若『秘密曼荼羅法品』之意是以眞言行者之自身分成五處為五輪各安種子，此亦是住秘密荼羅初心之行法也。『入秘密曼荼羅位品』之意是眞言行者通舉自身為五輪亦安種子，此是證了秘密曼荼羅後心之行法也。入秘密法「觀五輪」和合菩提心，是初入者之行法，秘密法品之「五處五輪」是中心之行法，入秘密位品之「一體五輪」是證入者之行法。

二四、胎藏行法之受持地之前之請白偈

「諸佛慈悲有情者，唯願存念於我等，我今請白諸聖賢，堅牢地神並眷屬，一切如來及佛子，不捨悲願悉降臨，我受此地求成就，為作證明加護我」。此偈是依慧琳之建立壇場師資相承之頌，非經所説，又於唱此偈時，慧琳壇法云：「面向東方執手爐」，高祖吽字次第云：「請白偈（合掌）」。

二五、不動與降三世之不同

『大日經疏』第十云：「如來說此二明皆是彼法佛三昧，為令行人從初發菩提心，守護增長令生成佛果圓，終不退失不墮在非道者，即不動明王是也。降伏世間難調眾生故，即降三世明王是也。」

二六、指量法

『大日經疏』第五云：「凡一切量法皆用大拇指上節側而相捻是其正數也」。此說是取大拇指之側量為一指量，故五分也。

『檜尾御口訣』云：「言指者大指初分上文稍廣處是為指量也」。法三宮『金剛界護摩鈔』上云：「禪林云長十二指者，左大指節取橫徑為一指量」。此說是取大拇指之上節之橫量故七分也。

二七、兩部通三昧耶形

金剛界是五部曼荼羅，故以五股杵通三昧耶形，胎藏法是三部曼荼羅故，以三股杵通三昧耶形，胎藏中台八葉間，出三股杵即可以知之。

二八、以北方為勝方

『最勝王經開題』云：勝者羯磨部，北名勝方，於諸處殊妙第一故，如來事業智具十種勝力，成就眾生無比等故。

二九、大日經第五虛空眼即是毘盧遮那佛母之文

非於佛眼為能生遮那為所生之意，佛眼即是毘盧遮那能生母之別德為主故云遮那佛母也。故『秘藏記』云：「毘盧遮那（佛部主源故無母）」

三十、諸尊之向方經軌不同事

長慶公三家次第上云：「抑論尊左右，經疏儀軌各別不同，經疏以諸尊向大日之時，各辨左右，儀軌以尊像對正面之方定前後，後學不詳此，致常失方面。」杲寶云：「兩界現圖曼荼羅諸尊像，皆向行者是為觀想方便歟。青龍軌、玄法軌，以現圖為本，定尊左右故與經疏說相不同也。」

三一、明妃與佛母之同異

明王是表慧，明妃是表定，如次以顯男女，故與慧相應助慧之定為妃，即定慧相應之名也。母是能生之義故母子相對之名也，故義別體同也知之。

三二、虛空眼與佛眼

新譯之『仁王經觀如來品』於舊譯之經曰觀空品，故如來與虛空同，是故虛空眼即佛眼也。

三三、五股金剛杵表示權實二智

眞言問答云：「問何故傍枝不直向內低？答此亦有由，問所以者何？答約五佛而言之者，中胎正直捨方便，為獨一尊故直處中，四方即是隨他意智故，具足方便故形鉤，諸方便皆歸法體故向中低。」

此釋五股杵是具權實二智之表示也。『大日經疏』第五云：「所持密印是五股金剛也。五如來智皆兼權實二用」。各具五智之故，其實是兼權實具二用也。

三四、金剛薩埵之寶冠有兩部之差別

金剛界表五部故用五智五部之寶冠，胎藏界是三部故用三部之寶冠。『大日經疏』第五釋執金剛之冠曰：「首戴三峰寶冠，形若山字峰間如仰偃初月之形，初三日之月為初月，其冠形「」也。

三五、釋迦之印有四種不同

胎藏部之釋迦印總有四種，一說法印，左右手水空相捻餘指舒散，左手仰置心前，右手覆其上勿相著，此印之源是出『釋迦儀軌』。二是佛鉢印，如密印品及同疏所明，左手執袈裟衣之兩角仰置臍前，右手仰疊其上是也。三左手鉢印右手說法印此表兩部兼用也。『玄法軌』下云：「為令教流布住彼而說法智手吉詳印（鉢印）（空持水）」。四大日經疏第十三云：「持此袈裟衣是諸佛標幟之儀」。左手持袈裟衣是諸佛之通儀，右手吉祥之印是不共之印也。智吉祥之印，稱此職之由也。就說法印兩手作之即如釋迦軌。又以左手執袈裟角右手作說法之相印疏之意，案說法相」之說文一非二。『大威德烏樞瑟摩明王經』上云：「圖如來像坐獅子座，作說法印，自註云：「以左手大指頭相捻並舒中名三指，右手亦然：左手仰掌橫約著心，以右手腕著左手名小指等頭，以掌向外散其餘三指也。智証大師之在唐記云：「智手吉祥印者火空相持水風散舒稍曲，二地直豎如把花勢，左手橫安胸上右手豎安乳也」。明王經之空風相捻是法身說法印，在唐記之空火相捻是報身說法印，『大日經疏』之空水相捻是應身說法印也。

三六、火天之二臂四臂

『大日經』具緣品云：「而作火天像住於熾焰中，三點灰為標身，色皆深赤，心置三角印在圓焰中持珠及操瓶，念珠即持於右手」。『瑜伽護摩軌』云：「東南方火天，乘青羊赤肉色，遍身火焰，右手一持青竹一持軍持，左二手一揚掌一持念珠。」

三七、琰魔天

『演秘鈔』第九云：琰魔梵言名平等，亦名殺者，今俱取之，平等殺者也。今此中焰魔普殺眾生煩惱故名平等殺者。」

『翻譯名義集』第二云：「琰魔或云琰羅此翻靜息，以能靜息造惡者不善業故，或翻遮，令不造惡故，或閻魔羅，經音義云夜磨盧迦，此云雙世，鬼官之總司也；亦云閻羅，焰魔，聲之轉也；亦云閻魔羅社，此云雙王，兄及妹皆作地獄主，兄治男事，妹治女事，故曰雙王，或翻苦樂並受，故云雙也。婆沙顯揚並正法念，皆言鬼趣所收，瑜伽地獄趣收。」

三八、檀拏印

『陀羅尼集經』第四云：「檀荼印（唐云策杖）」，『四十帖決』第十七云：「檀拏者，此云髑髏杖。」又不空三藏『燄羅王供行法次第』云：「宮中庭有檀拏幢，其顯有一少忿怒之面，王常見其面知人間罪業輕重善惡，人間有作重罪者，從其口出火光，火光中黑繩涌出，驚覺見木札知其姓名，斷記之。又有作善者白蓮花從口開敷其香普薰。」檀拏之印亦名人頭幢。『瑜伽護摩軌』云：「南方焰魔天乘水牛，左手執人頭幢，右手仰掌。」

三九、六地獄之典據

『大日經』第一具緣品云：「謂寶掌、寶手及與持地等、寶印手堅意。」此五尊加院主之地藏主伴共六尊也。『大日經疏』第十六云：「此菩薩有無量眷屬，今略說彼上首者如左，寶作菩薩、寶掌、持地、寶印手、豎固意。」此中之寶作即寶手也。

四十、胎藏法須彌山觀之典據

『大日經』第二悉地出現品云：「行者一緣想八峰彌盧山，上觀妙蓮花。」『大日經疏』第八云：「即用阿字門起金剛地，妙高山王，當知曼荼羅即在其上。」『廣大軌』云：「次於其海中，一緣而觀想八峰彌盧山。」

四一、如來馬陰藏

『觀佛三昧經』第八觀馬藏品第七云：「馬陰藏相者，在家時耶輸陀羅及五百侍女，咸作是念，奉事歷年不見身根，況有世事……，爾時太子於其根處出白蓮花……。諸女見已，皆言瞿曇是無根人，佛聞此語，如馬王寶漸漸出現，初出之時猶如八歲童子身根，漸漸長大如少年形，諸女見已皆悉歡喜，時馬陰藏漸漸長大，如蓮花幢……，諸女聞說不淨觀法，樂禪定樂，不受欲樂。」

四二、修法之際香煙不斷事

『瞿醯經』中奉請供養品云：「曼荼羅主前置一香炉勿令香煙斷絕。」

四三、一切如來一體速疾力三昧

『大日經疏』第六云：「經云時一切如來入於一切如來一體速疾力三昧者，謂入此三昧時，則證知一切如來皆同一法界智體，於一念中能次第觀察無量世界海微塵等諸三昧門，知如是如是若干眾生於彼彼三昧門中應得入道，知彼善知識已為若干眾生作種子因緣，未為若干眾生作種子因緣，或有眾生入如是法門可得超生成佛，入餘法門久遠滯留不得成佛，如是等種種根性不同，進趣方便皆亦隨異，乃至遊戲其中，次第修習出入超世間，於一一門各得能成熟無量眾生，故名一體速疾力三昧也。」

此中一切如來皆同一法界智體，釋為一體，於一念中以下是釋為速疾力。

四四、五輪配當曼荼羅

一傳云：塔婆之地水火三輪如次配當三重，腰下腳足配第三重，臍輪水大配第二重，胸間火大配第一輪，風輪配八葉，空輪配中胎，即阿字地大菩提心為基次第增加也。

四五、梵字之字義之不可得有遮情表德

遮情在『秘藏記』云：「觀不可得其意如何，是遣迷義也。」此釋是約有滯執中道理之人的遣迷而言，非至極義。表德者不可得是一實之境界，即中道實相，不可得言有，不可得言無，是故釋為中道也。

四六、真言行人必觀真言之實相

『大日經疏』第七云：「然此悉曇字母幼童皆亦誦持，至於護摩供養等，韋陀世仙亦皆共作，而今此眞言門所以獨成秘密者，以眞言實義所加持耳。若但口誦眞言而不思惟其義只可成世間義利，豈得成金剛體性乎？」

四七、燒香

『蘇悉地經』上分別燒香品云：「復次今說三部燒香，謂沉水、白檀、鬱金香等，隨其次第而取供養，或三種香和通三部，或取一香隨通其部用。」

正說是沉水白檀鬱金如次供佛蓮金三部，次或說三香和合通供三部，後或說隨取一香通供三部，又此經是三昧香之典據也。塗香准知之。又『大日經』具緣品說沉水等之七種香，此七種香之典據也。

四八、灌頂及曼荼羅供所用之五色佛供典據

『寶樓閣經』上說祈雨壇中云：「於壇上散七種穀子供養五色飲食。」

四九、飯食供養

『大日經疏』第七云：「亦謂隨諸方國所有上味及珍妙果隨意獻之。」

五十、灌頂等之壇上敷壇布之典據

『大日經疏』第七云：「置食院內，遍布蓮荷葉，或芭蕉葉等，令使周遍，若無，應用新淨白疊或淨布，以淨水浣濯以香遍塗。」

五一、燈炷之典據

『蘇悉地經』上云：「作燈炷法，白氎花作，或新氈布、或耨句羅樹皮絲，或新淨布作用。」

五二、運心供養有二法

『大日經』第二具緣品云：「或以心供養一切皆作之」，此運心供養之典據也。經軌上有二法，一是辯備香花等之事供具，於其供物之上更加運心供養觀念。二是雖無現供事物，就用以理供養而運心供養，此亦有二，『蘇悉地儀軌』下云：「眞言及手印，運心供養者，若不辦塗香乃至燈明供養，但誦如上奉塗香等眞言及作手印運心供養亦成圓滿供養。次運心供養者，以心運想水陸諸花……如是等雲，行者運心遍滿虛空，以至誠心如是供養最為勝上。」又內供養是以三密為供具，就中亦有內外，身口是外供，印契眞言并讚歎等是表在外故，意密是內供也。以運心遍滿法界故也。雖有內外二途不思議是一也。『蘇悉地經』第二供養品，同第一供養花品，無畏譯尊勝軌，慈氏軌下等皆說之。

五三、供養及灌頂水要濾

『大日經疏』第八云：如毘尼中方便，灌漉淨水盛滿其中。薩婆多部律攝第十一云：濾物有五種，一方羅，二法瓶，三軍持迦，四酌水羅，五衣角。

『六物圖』云：「然水陸空界，無非皆是有情依處，律中且據濾漉所得，肉眼所見以論持犯耳。」

五四、五瓶之綵帛典據

『大日經』第二具緣品云：「繫頸以妙衣」，『蘇悉地經』第二灌頂壇品云：「新帛繒綵用纏其頸」。『慈氏軌』下云：「所謂隨方五色綵」。五色之綵帛是五佛之標幟也，相應中台之五色瓶。又瓶頸纏華鬘有之，『瞿醯經』中奉請供養品云：「繒綵纏頭及纏花鬘」。

五五、壇上五瓶與門前瓶以六瓶為最少數

『大日經』第二具緣品云：「次具迦羅奢或六或十八」。大疏云：「經云六瓶者是最少之限，當於中台四方為各置其一，其內外一瓶，必定不得闕之。」現今東密之大壇即依此壇上安五瓶。但是中瓶雖安中台之前，餘安於第三重院之四隅者是總略以供養八葉及外三重院之海會而為也。又三重曼荼羅之諸尊皆是毘盧遮那之四智所流現故，悉由毘盧遮那之四智所網羅者，此表秘密歟。

五六、佛布施之典據

『大日經』第二具緣品云：「上首諸尊等各各奉兼服。」大疏云：又當於諸尊處，各奉淨衣如前所說，上首諸尊亦准獻食法，倍增已，故云為奉兼服，惹不能辦者但於上首諸尊處置之，或以箱篋，隨其所有置在中台藏院內運心供養一切諸尊。」

五七、壇上莊嚴辦備之次第

高祖御作胎藏普禮五三次第云：「先中瓶薰香置壇中心，四瓶自艮方，畢乾方，凡置供物皆震方始，又最初燒香閼伽塗香華又燈粥羹（小豆不加鹽）餅果子多少隨力，凡置供先右後左置之，供畢者置橛。次壇場五色絲引迴之，皆自艮方始糸迴，甚勿急勿緩，糸最後引迴壇場畢。」又云：「凡置初閼伽等時，一一七遍，二十一遍加持，薰燒香居之，燒香必自行，辦供事是即承事（侍者）也，但隨時令他人亦得之。念誦之時加名香之後，又左方供奉之時副加名香。」此文中燒香必自行，即是行者備燒香器。餘准知之。

『檜尾金剛界口訣云』：「次所有供，布列之於壇食道上（寶生草上是也）從艮維起首，維別置一瓶（此賢瓶也），中央亦安之，又懸金剛線，如前艮角始，瓶莖一匝行（以末加本上）。次當於帝釋、焰魔、水提婆、多聞羅闍所各置一焚香，焚香右邊閼伽，次塗香，採華及飲食油燈，如次第陳列，左邊亦准之，皆從東面始順行極於北。」此文之中，維別置一瓶者，壇上四隅之瓶也，中央亦安之，即中瓶也。又「瓶莖一匝行」者，於四隅之瓶莖掛壇線引迴也，亦是一傳也。「以末加本」者，金界故壇，線引上轉也。『高雄口訣』云：「壇物奉置法，初立金剛橛、次置瓶，次閼伽水、次塗香、次華、次燒香、次飲食、次燈。」又云：據飲食中初置粥、次置薄餠、次羹飯、次果子等，最後即燈也。起建灌頂壇之莊嚴亦依之為准據。

五八、召請並據遣

『法華觀智軌』云：「奉送聖會，雖約眞言門儀軌奉送，常恆思維一切聖眾同一法界，無來無去，願力成就，常在法界宮中。」

大疏第八云：「又此經宗即於本座受請，還以不來相，而來至此道場，不同粗方便中，有為彼此之相。」『高雄口決』云：「坐於他方佛奉請至等，乃至奉還等者皆是就事。」此即淺略之意也。

今就深秘意者，本覺遍滿法界無去無來也，然解結界者是歸解脫也。言結界還宮等者歸本覺也。『宗叡僧正五年記』云：「取華示方各令坐本覺位，無來故而無去，所以者何，心本覺故。」杲寶師云：「凡一曼荼羅聖眾，皆是自心本覺功德，故雖依三密加持因緣，示往來攝入之相，只是一心一智，而無來無去也，不可同彼心外情有之粗相也。」大疏第二十云：「亦如方諸向月而水降，圓鏡向日而火生，因緣相應而無思念，此法亦可為喻。非是諸佛有心行，而同凡夫之赴應也。」

五九、天供與神供之本說

胎藏法灌頂四門神供是出於『大疏』第八，金剛界灌頂神供是出於『略出經』第四，八方天供出於『略出經』六卷之第五，十二天供是出於『金剛頂瑜伽護摩軌』也。

六十、五處加持之異說

『蘇悉地經』第二供養品云：「遍點五處亦成護身，所謂頂、額、兩膊、咽下、心上」，此說是以兩肩合為一處。『阿閦軌』不空譯云：「額肩心及喉五處各一遍」，此是兩肩開為二處。但印肩以左肩為先右肩為後也。大疏第十三云：「先以三昧耶印置頭上，誦前眞言一遍，置其印於右肩，次置左肩，次置心上，次置喉上，每置時各誦明一遍，凡誦五遍而印五處也。」無畏譯『尊勝軌』云：「加持五處，頂及左右肩心及咽喉即名五處」。又『金輪時處軌』即心額喉頂之外加總身加持為五處。

六一、護摩乳木之破削與不破削之本說

『略出經』第四云：「別取小枝如母指大」。『蘇悉經』第三云：「此十二種取枝量，長兩指一折」。『陀羅尼集經』第十一云：取白汁細枝投火中（取意）。此等之文是不破削切取小枝而用的本說。又『火吽軌』云：「其木每破削大如中指」。『不動使者法』云：「松木長七寸大如指擘之」。此等之文是破削之本說也。

六二、護摩之壇木乳木之本末

『蘇悉地經』第三云：「觀其上下一向置之」。『尊勝軌』下云：「一向本末束之」。『大日經』疏第八云：「當觀上下一向置之」。又『蘇悉地經』第三云：「細頭向外，麤頭向身」。『檜尾護摩鈔』云：「令根本向身，細末向外」。近代為記木之本末於本端塗墨

非常方便。又有細削木末者，是依經説也。又乳木之兩頭付搵蘇油。『陀羅尼集經』第二云：「兩頭塗牛乳法，先塗其末，後塗其本」。『智証大師護摩私證』云：「入蘇先入末次入本」。

杲寶師云：「但以口傳先本後末，是即本覺宗從本至末之表示也」。『大師息災護摩次第』云：「投乳木之法，一度取三枝而握手，以大指頭指取其一枝而投之，以本向爐口不可以末向爐口也。」

但今以一度取三支先以末搵油後以本搵油，次作三度投以末先投，大概以歸本覺為義歟。

六三、火天之種子阿字與覽字

『大日經疏第八』云：「此中以最初阿字為種子，以一切諸法本不生故，即同金剛智體。」『略出經第四』云：「於火燄中想有囉字（覽）變為火天」。『大日經疏』第十五云：「若作息災觀，囉字當上加點，而作白色，增益想覽字黃色，降伏想覽字黑或赤，如字本尊及自身色亦如是，三事相應即成也。」

六四、召請與撥遣句

慧琳『略記護摩事法』云：「其召請火天，於眞言中加暱醯呬句，若奉送時，除去此句加蘗蹉蘗蹉句。」『大日經疏』第十云：「醯醯是呼召義」。妙心大云：「蘗蹉者此云去也」。又召請之時亦有加「阿蘗車」之句，即來之義也。

六五、奉教者使者

『大日經疏』第六云：「其使者奉教者等，皆作卑下之容，其使者操持刀棒，狀如夾門守禦，奉教者或執持棒印，或瞻仰所尊若受指麾教敕。」『義釋』第七云：「如世間尊貴者，侍從僕役之人，隨教敕指麾執作眾務，故或名奉教者或名使者，或名守衛者。」

六六、無堪忍大護之總別

『大日經疏』第八云：「以四大護各護一方，又持無堪忍大護皆普護之。」無堪忍大護是四方四大護之隨一，南方之大護也，然又有四大護之總體義。檜尾『胎藏次第』云：「南方無堪忍大力大護，南東北西。」此是南方之大護以之為總的證據。故行法之時或是以四大護各別而結誦印明，或結誦為「總」的無堪忍大護印明亦得，但此時須念誦總咒即可也。

六七、明妃

『大日經疏』第九云：「阿闍梨言，明是大慧光明義，妃者梵云羅逝，即是王字作女聲呼之，故傳度者義說為妃，是三昧義，所謂大悲胎藏三昧也。」

六八、復入佛三昧耶、法界生、轉法輪

由入佛三昧耶印明之加持，本有菩提心廣大法界之種子，入佛之大悲胎藏得住於胎內也，故云入佛三昧耶。由法界生之印

明加持力得本有菩提心之種子依法界大悲胎藏出生，依法界藏生故名法界生，即由胎內出生義也。由轉法輪之加持而養育生長，得成辦自利利他之二利事業之義也，又如次成就法報應化三身之功德也。又指行位而言，胎內是等覺以前也。出胎是妙覺果滿之位，轉法輪是果後化他之大用，即濟度十界之位也。

六九、結誦印明必先結誦入佛三昧耶

『要略念誦經』：「說入佛三昧耶云：若更有餘印欲結誦之者，亦先結誦此印已，然後結之。」『大日經疏』第九云：「是故此三昧耶名為一切如來金剛誓誡。若不先念持者不得作一切眞言法事也。」

七十、入佛三昧耶之二意

總而言之，一切眾生悉皆依法界之加持力而託入佛母之聖胎故名入佛。別一意，行人若結此印明則入佛地故名也。『要略念誦經』云：「此印威力能令佛地顯現。」

七一、諸人真言

『大日經義釋』第七云：「又一切人眞言，如來為彼常樂生人中者，說此人趣乘，若眾生誦習之者永離惡道種種不閑處，亦離上界諸天，多諸放逸長壽難處，即於人趣法門得自在故，成大悲胎藏曼荼羅也。」

七二、真言文字布置於心月輪中事

『義釋第八』云：「行者初修習時，恐心散亂但當觀種子，久後純熟當稍加之。」

七三、服牛五淨

『蘇悉地經』第二供養品第十八云：「次服五淨，眞言經百八遍然後服之。乃至取黃牛乳酪酥糞尿，各別眞言經百八遍和置一處。」同經儀軌下云：「牛五淨者謂黃牛尿糞（未墮地者）乳酪酥等茅香水，一一持誦經一百八遍，然後相和更復持誦一百八遍，於十五日斷食一宿，以面向東，其黃牛五淨置於蓮荷葉之中，默飲三兩，十五日中所犯穢觸及不淨食皆為清淨。」

七四、大日經世間成就品所說四種念誦法

四種念誦法是眞言行者從凡入佛位之要略故不可忽視，今略示之。第一、「意支念誦」，此有四；、身外觀本尊，初心者觀本尊心月輪中布有𑖀字或𑖪𑖽字等本尊種子，令字相了了分明，此觀熟達，然後觀本尊之眞言漸次添加而觀誦。、觀其字之音聲了了分明。、觀其眞言句義。此三種初觀在本尊之身，其觀圓熟後，觀於行者自身。又觀於本尊之三事如道場觀，觀於行者之三事觀即如入我我入。又約本尊之觀法即本尊心月輪上之文字音聲等由本尊口出，字字成如珠鏈入行者頂上入於行者身心，以其遍注故行者之罪障消滅成為無垢之身心。又於行者心月輪上炳現三事者以本尊之三密流注行者之身中為緣，而行者身中之罪垢消滅顯現本有之三事故，本尊之修生三事與行者本有三

事冥會炳現其體者也，以上為初重。又此句義之觀為本尊亦有二，初即觀身外之本尊身，此觀圓熟後才觀行者身內之尊，以上為第二重，又此字聲句即以形音義如次配身語意三密，或配意語身，文字即一一入實相門。入實相門者即淨菩提心也。淨菩提心是意密故以字配意密，又句是本尊之體故，體是諸福智等之功德聚集所以句配身密，諸功德之總集為本尊身故。又字是眞言之身故配身密，句義是眞言之心故配意密，意聲是眞言之主故以配語密，各有其理准知之。又字聲句之三以配因根究竟之三句亦得，字是淨菩提心故配因，音聲是行故配根句，句是本尊故配究竟句；以月輪中所觀布之眞言字，隨出入之風息而轉，『義釋』第八云：「然彼用此眞言為出入息，息若出時此字隨出，息若入時字亦隨入，轉調轉寂息遍於身，爾時不見別有喘息，俱以眞言為出入息，以此方便故則能滅除種種覺觀戲論，漸淨六根，又如是觀時亦隨義用差別，如欲內寂其心即白色，欲增功德即當黃色，欲調伏內障即當赤色。」大疏第十云：「又所謂出入息者如世人息，入身復出，出已復入，無有斷絕間隙，此人觀見字輪圓明亦復如是，從本尊心念念流入其身，猶如入息，復從自許身心之中念念流出入於本尊之心，念念無間猶如出息，如是念念周環無窮，即是眞言行人之出入息也。」又同疏第十一云：「復次世間持誦品中，先觀圓明中有環遶眞言字輪（頭尾），念誦時從初字於口中入，流入身中猶如入息周遍身分，此是如來自在神力之所加持，如是念者，能除眾生一切業垢也。如是遍身已，還從口出入尊足下遍至本處。如是一一字流入之時，以次字即相續不斷次第連環也。若初學人恐心散亂不能如是成者，當直觀種子字如前作之，乃至心串習已漸加字也。」第二、先持誦法是意支念誦成熟後安住於𑖀字本不生之理觀，淨除出入息風之散動已，然後修此念誦。遠可作為成就法之前方便，近成為具支之前方便。此略之有二種，一、依時，此亦有二，（一）可滿其所期之眞言遍數，（二）是所定的日月之限等。二、依相，即由佛塔及圖像出生光焰或者聲也。悉地出現品所説之三月念誦之中第一月念誦即先持法也。第三、具支念誦是先持念誦成就已，次修此念誦。即具備閼伽，塗香，華鬘，燈明，燒香，瓶水等之供養支分的念誦故名具支，即悉地出現品，第二月念誦也。大凡眞言行者是以三密之行為本，雖然以第一意支念誦、第二先持法的修行法雖不行事理之供養，但意支念誦是以心念為本，先持法依時而依相修法為本。具支念誦即必須辨備供具行法為主旨，故與前之二有別可知之。第四、作成就法念誦是選擇山峰牛欄等之好處得以治地，以建立本尊曼荼羅，壇上安置空青，或蘇油或牛黃等之因緣所成藥物，即成就物，不間斷念持眞言，於其成就物之上得現出熱相，煙相，焰相之三相即得成就。就之『蘇悉地經』第二補闕少品第十五云：「其三種相謂煖氣相、煙相、光相，如是三相應次第現，若上成就即具三相，若中成就具前二相，若下成就唯現初相。」又云：「於其初夜下悉地成就，於其中夜獲中成就，於明相動時獲上成就」。大疏第十二云：「若得無障成就者，上成有三相轉，謂初夜夜煥生，中夜煙起，五更燄出，中成有二相，謂除燄出，下成有一相，謂但煥生。」此即示外物之成就相，亦於此三時中有訲聲，或有種種鼓聲，或是現大地震動之相。此即不依外成就之藥物，乃內心成就之所表也。隨應得如上之相悉地現前，即奉閼伽等之供養，以妙伽陀讚歎本尊之功德，依儀軌撥遣奉送，請本尊海會還著本位。『妙臂菩薩所問經』第二（法天三藏譯）知近悉地分第六云：「若得熱相者當得世間一切愛重，若得燄相者當得隱身，若得煙相當得變成微妙之身，成持明仙飛行虛空壽命長遠。」又意支念之位雖住於一緣，因為觀心未熟故不能成就淨菩提心之種子。先持誦之位即觀心成熟故成就淨菩提心之種子。

故以意支念配於地前勝解行地，以先持法配於初地以上，以成就法配八地以上，又配於因根究竟三句。又慧光師云：「凡今世間成就品有二意，一謂成就一尊之三昧為世間，成就普門之三昧云出世間，此以世間為差別之義。二謂希望成就有為之事云世間，此是以世間為破壞之義。然後之三念誦叫次一月念誦，又如是說兩月等，同於悉地出現品之三月持誦的出世成就者，即顯世間即出世間，一門即普門之義，經之次一月是先持法，於兩月是具支法，大日經第七之經于一月者作成就法之月也。

七五、觀心與證心之差別

觀心者如我等眞言行人觀念淨菩提心，即觀念自身之心性中有本來菩提心而信之，雖有此觀念但此寶珠尚未得手故屬觀心之分齊也。由𑖀字本不生之三密行，進而得到法明道入初地位，親自將如意寶珠（即菩提心）入於掌中契證即云證心。譬喻見到水中有寶珠，認識此為觀心，入於水中取此寶珠在手為證心，故差別也知之。

七六、真言行者二乘戒法犯否

大疏第十一云：「具巧方便者即是體解如來善權之用，如修眞言行時，或於出家二乘法戒有所違犯，不應生如是迷執，我由此事故毀犯是戒，當生惡趣，心懷惡作而妨正修，何以故，如來所有方便，唯為如是大事因緣，若令為不持方便諸乘清淨戒故而妨眞言圓滿之行無此理也。是故行者設若有犯時，當生是念，我今志求無上大乘，普利一切有情故，事不兼遂故，於是中有所違犯，若我逮得成就果已當應懺悔，以此善心非是犯戒因緣故，不名犯戒也。」

七七、菩提心觀之功德

『大日經疏』第十一云：「纔觀菩提心已得如來之果，況身現證而成佛乎。」

七八、𑖀𑖪𑖰𑖨𑖮𑖳𑖽𑖏𑖽之真言異說

『大日經』悉地出現品云：「阿（去聲急呼）味囉　欠（帶欠聲呼之）」故𑖁𑖪𑖰𑖨𑖮𑖳𑖽𑖏𑖽也。『大師御筆本』云：「𑖀𑖪𑖰𑖨𑖮𑖳𑖽𑖏𑖽，梵字胎藏軌云：𑖁𑖪𑖰𑖨𑖮𑖳𑖽𑖏𑖽」『聖觀音軌』云：「惡（引聲）尾羅吽欠」。又『義釋』十四卷云：「加上三昧長畫」，釋曰𑖪𑖰也。又𑖪𑖰之本體𑖪字是縛不可得之𑖪也。何者？疏云「味」是縛義加上畫是無縛三昧，即不思義解脫也。就之『最珍鈔』云：「問何不用言說字用縛字乎？問而無答」，慧光和尚答之云：「此五字門號滿足一切

智智，即大日如來秘明，而五字悉是種子字也。故𑖮與𑖮𑖯𑖽其義惟同，然此𑖮𑖯𑖽字或用縛𑖪，或用言說𑖪，而究其意，則如四妄言說是生死繫縛之根本故，淨名說，文字性離，即是解脫，當知言說即縛，況今以「阿」字門，釋降伏四魔名，以「味」字門，釋解脫六趣名，疏家巧釋經宗深旨，留意思之。」

七九、以𑖮𑖯𑖽字為不動種子字事

『大日經疏』第十二云：「如烈火光焰之狀，中觀囉字成已轉作不動明王。」

八十、九曜之主伴等事

九曜中以日曜為主，餘之八曜為眷屬。又二十八宿是月曜之宿值，十二宮是月曜之躔故，以之為月天之眷屬。日曜即日天也。月曜為月天也。

八一、大日經第三悉地出現品所明之三月念誦等

爾時薄伽梵……所念皆成就是明示三月念誦。第一月之念誦名「影像成就」。初以身外觀本尊閉目開目明了顯現已，次以阿（𑖀）字等安於本尊心上見本尊之眞實相，眞實相者即本不生之理也。或是行者自身之心月輪上安𑖀字等來見自心之實相，後自身之心月輪上觀見本尊之形像，即入我也。復本尊之心月輪上觀見行者之身，即我入也。雖相互照見無礙，入我之相與我

入之相俱於圓明中唯現影像而已，故云影像成就，即種子位是未等引地也。此名第一正覺句，於此中，初觀字，後觀形像也。第二月持誦是辦備六種供具供養本尊，於行者之心月輪中觀本尊之形像，自身即成本尊之相，故名相成就，此云第二正覺句，即是尊形之位，此後即是等引地之所行也。第三月念誦是自身即本尊之無二之相亦除之，脱了二不二等之見解差別，接觸萬法平等之眞理，此為第三正覺句。『大疏』云：「初一月菩提心，次月觀佛形像，名正覺句，第三住眞言離一切相。」於各月念誦眞言一洛叉也，此三月念誦是即配因根究竟之三句。故通地前地上，又通十地各地，長短如三句也。

又滿足一切智智之𑖀𑖾𑖪𑖨𑖮𑖽𑖏𑖽之明説畢，更説五字嚴身觀，𑖀𑖾是時加持下身，𑖪是自臍中起，𑖨是三角在其心，𑖮𑖽是智者觀眉間，[illegible]是尊勝虛空。又說[illegible]字之下說觀九重月輪。思惟以純白輪圓成九重住於霏霧中除一切熱惱。

又若於眞言門……一切善業種子是明示六月成就法。但五六兩月之法在上之五字嚴身觀中之欠字說之，故此略之。今說前四月之成就法，阿字為自身等是第一月成就法；復次縛字等是第二月法，思惟在等引；一切囉字門等是第三月法；風遍一切處等是第四月法也。又上所說佉字及空點尊勝虛空空是第五月法，兼持慧刀印；所作速成就是第六月成就法也。又上身囉字門，縛字臍輪中等是[illegible][illegible]合觀，囉字為下身，訶字為標幟等是[illegible][illegible]合觀，住大因陀羅作水龍事業，一切攝除等，眞言者勿疑是阿[illegible]縛[illegible]合觀也。合觀即是觀見五大輪圓無礙之義也，又云：「合觀即空輪觀也，空無礙之故合觀。又經之終的意生悉地句者即是意輪識大之觀，無有形色等者空大之觀故，六月成就法即是成六大法身也。

八二、振鈴時輪轉五股杵而旋轉加持

『大日經疏』第十二成悉地品疏云：「轉金剛杵者有微志，謂欲轉此無礙密慧入一切眾生心也。所以者何？如是自證寂滅之法微妙清淨，為無有上而眾生不自覺知，為此因緣故於無量諸佛秘藏中，而受無量恐怖苦惱，謂是事故生大悲心欲轉此智，令一切皆得開敷心眼故也。」

八三、阿字觀

『大日經疏』第十二成就悉地品疏云：「然行者初學觀時，心未純熟未得現前，當先畫作妙蓮，如上所說極令微妙並於其上兼置阿字，常現前觀之，當於圓明中畫也，此圓明猶如圓淨之鏡其中極深，阿字圓光於中諦觀，久久即能現前分明見，既於外處見已，迴觀自心於圓明中而觀阿字。」

八四、真言與明同異

『大日經疏』轉字輪曼荼羅行品疏云：「破除一切無明煩惱之闇故，名之為明。然明及眞言，義有差別，若心口出者名眞言，從一切身分任運生者名為明也。智証大師記問八張云：「言從身分流出光明，其光出字是身外光輪也。」覺苑『演密鈔』第八云：

「若爾何故？經言從三昧起說此明妃，豈非口說？釋曰：雖從身現即是說故，此即名為身說，如『楞伽經』云：或有佛刹瞻視顯法，或揚眉或有動睛等令諸菩薩得無生忍亦身說也。又欲顯法離言故，故說身現名之曰明，欲顯無言不礙於言故，從口演名曰眞言，是故明與眞言體無異也。」『最珍鈔』云：問眞言陀羅尼男聲，身現名明妃之意何。答：眞言陀羅尼口輪說法也，是慧也。以慧為男也。身現名明妃者，三昧所發身光之中現字，以三昧為女也。」

八五、五處加持之無畏與不空的異傳

『大日經疏』第十三密印品疏云：「先以三摩耶印置頂上誦眞言一遍，置其印於右肩，次置左肩，次置心，次置喉上，每置時各誦明一遍，凡誦五遍而印五處也。」又不空三藏譯，阿閦軌，無量壽軌，如意輪軌等，說五處加持中加額除頂上也。

八六、作印法時之用心

『大日經疏』第十三云：「三藏云西方尤秘印法作時，要極恭敬，並在室之中及空靜清潔之處，當沐浴嚴身，若不能一一浴者必須洗淨手嗽口，以塗香塗手等方得作也，又作時須正威儀，跏趺等坐不爾得罪，令法不得速成耳。」

八七、持袈裟之二角法

『大疏』第十三云：「其法取袈裟，近手尖角及搭肩之角，繞臂迴入手中令二角如雙耳也。」『演密鈔』第八云：「疏持衣二角者即表不捨異生及二乘，令出離故也。故下疏云初離異生煩惱，次離二乘煩惱即其是也。」

八八、降伏座之鉢唎多哩荼立

於丁字立經軌之諸文，詳有二種，一是曲身向左作丁字立，則右之腳是丁頭，左之腳是丁尾，右┤左。『不空羂索經』第九(三十卷之經)云：「若阿毘柘嚕迦三昧耶，應以面南，跛刺䟫裡拏立，右腳丁頭左腳丁尾，逐左斜曲。」『陀羅尼集經』第八說金剛藏印云：「作此印已，起以左脫指頭向前，右腳指頭向左斜身而立，(如唐丁字)。」二者屈身向右作丁字立，則左腳是丁頭，右腳是丁尾，左┬右。『略出經』第一云：「若為阿毘遮羅者，應面向南以鉢喇多哩荼立（右腳正立，斜引左腳，如世丁字曲身倚立身是也）」。以此可知有二種丁字立的解釋。

八九、阿闍梨用心

『大日經疏』第十四云：「有不順教者徒費功夫虛棄光景，終無所成，徒召罪咎無所益也。是故行者當審求經法又訪明師開示勿為自誤耳。」

九十、真言之體有四種

一以名為眞言如多聞天之眞言，唵吠室羅滿馱之類是也。二以實德的句調為眞言。大疏第十四云：「皆以義言稱彼實德等是釋也」。三以梵言即眞言，大疏所出之阿梨沙之偈等是也。四以如來內證之智門即為眞言，又凡世間之咒禁法是由過去佛之所說流來變成世間之咒禁也。

九一、字輪與句輪之二別

字輪者將眞言之一一字布列於心月輪上，或布置於一身之支分等，觀其文字之實相的輪轉無窮為字輪。句輪者以眞言之句為輪而觀而云耳。『大日經疏』第十四云：「凡行者持誦時當觀字輪，或句輪，所謂句輪者，觀本尊心上有圓明而布眞言之字論，轉相接令明了現前，持誦時觀此字，猶如白乳次第流注入行者口，或注其頂相續不絕，遍滿其身乃至遍於支分，其圓明中字常明了，如常流水而無有盡，如是持誦疲極已，即但住於寂心，謂觀種子字也。」『演密鈔』第九云：「行者如上持誦隨於三部眞言或大或小作觀，持誦疲極之時應當於聲句但觀種子之字。」

如字輪觀，百光遍照，三部四處輪之觀等是觀字輪，正念誦而觀句輪欤。

九二、金剛藏與金剛手

『攝眞實經』及『無量壽軌』等之中指金剛手為金剛藏，故可知是同體也。

九三、四種之機

『大日經』第五云：「時念誦、非時、俱、非俱，具一切相」。一是「時念誦」，二是「非時念誦」，三是「時非時念誦」，四是「具非念誦」也。此四機是有相劣慧之機也。具有一切相念誦之機是無相之大機也。安然師廣攝不動記第三云：「復有二種第子，一者不具諸相四種弟子，受明灌頂，當為此作之，二者具一切相一種弟子阿闍梨灌頂當為此作之。」

九四、二種阿闍梨

『大疏第十五』云：「應知師有二種，凡師位者須具解眞言及印本尊之相，於中一一了達無礙，了知上中下法差別之相，然彼復有二種分，分者為二也。一者解深秘，二者通顯略，所謂深者能了知深廣也。第二師者但得現法中利也，世間成就之益，痴句中加有緣念也，為彼而造壇也，然亦具解造曼荼羅等種種方便無有錯謬，此中蒙佛灌頂者為深秘之師，蒙世間人師之所受者為顯略阿闍梨也。」

又云：「復次先知即有二種，由是見諦之師能於如是眞言王中見一切根緣通達無礙，若未見諦師即須依教及師所傳，所傳旨趣而觀察之，亦其次也。」

九五、空水相捻之三股印普通名吉祥印

『大日經疏』第十五云：「當以空水二指頭相捻，餘三指皆舒散之，此印加持諸物乃至壇中一切供養之具悉用加之皆得成也。設本尊自有本印，臨時忘者亦用普通印加之亦得，乃至若不作普通吉祥印者更有金剛拳印，或蓮花印及觀音印，但右手作也。」

九六、印之義

『大日經疏』第十五云：「印是不可違越義，由自及皆不可違越故，謂始從菩提心乃至究極佛慧，於是中間不退不轉，是故世間號之為菩提薩埵，由此印故住菩提心更不退轉，故名不違越也。」

九七、金剛部之通印及種子

『大日經疏』第十六云：「手印通過，上五股金剛印也。次隨別字及通用各於心上置吽也。吽字通種子，五股印通印也。」

九八、釋迦佛之三昧耶形

『大日經』第五秘密曼荼羅品說釋迦壇云：「大鉢具光燄，袈裟錫杖等置之如次第。」

『大日經疏』第十六云：「華上置鉢，鉢四邊通有炎光，若作佛形者，當畫釋迦佛持鉢，右邊置袈裟（即僧伽黎），右邊置錫仗。」『華嚴疏鈔』第十四云：「錫者輕也明也，執此仗者輕煩惱故明佛法故。」義淨三藏『南海寄歸傳』第四云：「錫仗梵云喫棄羅，即是鳴聲之義也。」

九九、都五股杵典據

『大日經疏』第十六云：「此兩頭即五股也。此印周匝作四鑣狀，如四金剛，其中有一狀如五股而不開也。」又云：「於一股中為五股形如前印也」。寺月流之大事是此印者。

一零零、胎藏金剛名號之證

『大日經』第五秘密曼荼羅品云：「施願金剛壇」。

一零一、五色之次第

『大日經疏』第十六，白黃赤綠黑之次第說云：「上釋初白次赤次黃，今以此釋為定，前釋非也。」就之『演奧鈔』第五十四云：「問列色之法依義不同，所謂受染次第白黃赤青黑（出第六），草木滋潤次第白黃青赤黑（五大虛空藏色出金剛頂經）胎藏五佛色白赤黃青黑（出第五及第六）。」又『略出經』云：「初下白色次赤色次黃色緣色皆在內院，其外院以黑為之。」而今只取一說，非餘說乎？答義門多途多各據一邊何必遮之者乎。但今為成立其五根配屬之一義作此釋也。例如，雖言北方阿閦佛經誤，而於北方入涅槃德，釋成不動義也。

一零二、台密門柱橫木之典據

『大日經疏』第十六云：「其門有柱，柱上橫木，標知是門也。」

一零三、嘉會壇與秘密壇之說處

常嘉院心覺之鈔云：「具緣品轉字輪品，說嘉會壇之事，秘密曼荼羅，字輪品，八印品，入秘密曼荼羅品，說秘密曼荼羅。」嘉會壇亦云大悲壇。於秘密壇移諸尊置於中台之作法，大疏之文有二例，義成三例，一是以八葉之諸尊隨一移入中台，即將大日如來移至彼尊之位置安置之。二是以二乘或諸天隨一入中台時，若移八葉中台九位之九尊於近邊時，即移於中台內院，隨其方而安置之，如以大日與寶幢置一處其左右隨宜置之。二乘諸天之外院的本位即用座印表之而供養也。此二乘等是唯獻荷葉坐而坐，又諸天等是隨其本座而坐，故取去中台之八葉蓮花，但於方壇中令坐其本座，移去八葉蓮花之中台八葉之九尊亦各坐各蓮華座。三是疏文雖無說，第一重第二重或者釋迦佛，隨之入中台者與八葉之尊其座不異，亦以大日安於寶幢之後邊，彼等之尊之本位是用座印表之以供養也。

一零四、五股杵等之三杵

杲寶師云：「私云凡金剛杵本是三股即人形故也。只取其中心即名獨股，又若三股違合之時成五股形故，五股位特云兩頭，是違合兩頭三股，以成五股也。圓行請來人形杵事可思之，即以此經文可為本據。」

特云兩頭者大疏第十六之或兩頭，此兩頭即指五股之文也。又此經文者指秘密曼荼羅品之三首皆指五峰之文也。

一零五、百光遍照王之觀門

『大日經疏』第十八說百字生品疏云：「然此字輪最中置此真言王（𑖀𑖽）字，次外一輪有十二字，從伊至奧凡十二三昧聲也。次外輪布於百字，先從𑖎等廿五，次𑖎𑖯等廿五，次𑖎𑖽等廿五，次𑖎𑖾等廿五，此中俄上上若拏那麼五字是大空之點，遍一切處故同布列也（又別時釋云，此五字在別，外十二字同圓布之），若作五重布者，此𑖎字等廿五字為第一輪，𑖎𑖯等為第二輪，𑖎𑖽等為第三輪，𑖎𑖾等為第四輪亦得也，其布字次第逐日右轉也。

十二字者：𑖂𑖃𑖄𑖅𑖆𑖇𑖈𑖉𑖊𑖋𑖌𑖍之十二字也

𑖆𑖇𑖈𑖉是別，𑖩𑖨也。𑖎等之廿五字是𑖎𑖏𑖐𑖑𑖒𑖓𑖔𑖕𑖖𑖗𑖘𑖙𑖚𑖛𑖜𑖝𑖞𑖟𑖠𑖡𑖢𑖣𑖤𑖥𑖦也，餘准知之，又俄若拏那麼是𑖒𑖗𑖜𑖡𑖦也

一零六、真言門悉地不成就之障

『大日經』第六三三昧耶品第廿五云：「秘密主觀彼諸真言門修菩提行諸菩薩，若解三等，於真言法則，而作成就，彼不著一切妄執，無能為障礙者，除不樂欲、懈怠、無利談話、不生信心、積集資財者，復有不作二事，謂飲諸酒及寢床上。」同經

疏第十九云：「不欲即是不願求等，懈怠以不勤進故，如鑽火未熱數息即障入之也。又無益談論，於真言行不念誦不勤修行，以此虛度時日亦爾，障得其便也。不信，由不信故，障得便也。又廣集資財以求時忿動，守護勤勞失時受苦，以如是等種種因緣令行者為障所得便也。以上皆是障生之緣，復有二種謂不飲酒，酒是生障之緣此第一也。以飲酒故，諸不善得生，又不臥床上此第二也。以安寢床上生種種欲心放逸之相，故不得也。當敷草藉，西方持誦者多用吉祥茅草為藉也，此有多利益。」

經云三等者，發心、智及悲也。又佛法僧之三即一體三寶也。又法報應之三身也。此三平等無礙一相一味云三等也。委細請見疏文。

一零七、護摩灑水法

『大疏』第二十云：「然此灑水有二法，若以茅作小策置閼伽椀中而灑之，灑時順灑右旋也，若直用手灑亦得，然順灑也。此又二種，若初淨火時謂右旋順灑，若淨了供養之時當直灑之不須旋轉也。」

一零八、闕支分念誦之事

『大疏』第廿云：「持真言者，闕支而用，謂字有點而不𥃵，或字闕，或應長聲而作短呼之，如是類甚眾，皆名闕支分念誦，又云：徒勞用功無益也。」

一零九、四種念誦

『大疏』第二十云：「世出世持誦品第三十之我說有四種之經文之釋，明示聲念誦與心想念誦與出入息念誦及心意念誦等四種念誦。聲念誦是專心口誦真言也，聲出時一一之聲字皆悉諦了，而不間斷不攀緣也。心想念誦是不出聲以心想作意念誦也。出入息念誦是以所誦之真言為出入之息的念誦也。第四之心意念誦是與上三種內心相應、內外相應無分別之自然念誦也。」

一一零、金剛界三十七尊之略出經法相

以中台大日如來立為一曼荼羅之總體故經云：「又如上所說諸佛及大菩薩守門菩薩等，各各以本三摩地，各各自心及隨已記印相貌，如下所說皆想從毘盧遮那佛身中出現。」阿閦等之四

佛是大日如來之四智故，大日之所現，十六大菩薩亦是大日之所現也，四波羅蜜是四佛所現也。大日如來示現十六大菩薩為四佛之眷屬，故四佛現四波羅蜜為大日之眷屬，互為主伴之意也。內之四供是大日之示現而供養四佛也。嬉菩薩是喜愛供養也，又內之四供是法供養也。故經云：「已上四都是一切諸如來密法供養。」外之四供是阿閦等之四佛為供養大日之示現，外之四供菩薩即承旨使者也，故經云：「都名奉受一切如來教示天女」，又是事供養也。四攝智菩薩是大日之所現也。是亦一切如來之承仕使者也。故經云：「已上都名一切如來受教者。」

一一、起立壇場

『略出經』第三云：「大威德阿闍梨，漸小亦應作乃至四肘量，智者觀察應堪受化者隨意度量結其壇場亦無過失，為利益所應化者，金剛薩埵置立壇場，號為金剛界等，如經所說沒於掌中隨意作彼等一切壇場能作利益。」

一二、五股杵投弄輪轉之典據

三卷之『大教王經』上云：「時金剛手菩薩摩訶薩，左慢右舞弄跋折羅，則彼金剛安自心，持精進勢。」

增進勢者抽擲也，即輪轉也，舞弄者即投弄也，『略出經』第一云：「右手執跋折羅向外抽擲弄而執之。」

一一三、護摩扇火用扇之典據

『蘇婆呼童子經』下云：「爐中生火不應以口吹，以扇扇之。」

一一四、燒香必須發煙

『陀羅尼集經』第十三云：「鑪別各燒種種妙香皆令發煙。」

一一五、真言宗本有之實義

道範師之『遍明鈔』第七云：「抑真言教實義，行者向眾生本有本尊行之，是為實行更問之。」

第三　灌頂之部

第三 灌頂之部

一、阿闍梨灌頂與傳法灌頂

『瞿醯經』上云：「先蒙阿闍梨及與傳法，二種灌頂。」阿闍梨灌頂是成就佛蓮金三部，各別之阿闍梨位之灌頂也。傳法灌頂是普門法界之灌頂也。

二、醍醐流灌頂敷曼荼羅用種子曼荼羅之典據

『五秘密軌』云：「纔見曼荼羅，能須臾間淨心，以歡喜心瞻覩故，則於阿賴耶識中種金剛界種子，具受灌頂受職金剛名號。」

三、灌頂用白傘蓋而掛華鬘與白綵帛事

『瞿醯經』下分別護摩品云：「又辦新淨白傘，於上懸華鬘復懸白色彩帛。」

依此經文用古傘是不法歟。依『陀羅尼集經』之說，其都度，作新淨之蓋而用之也。

四、灌頂用白拂與扇子及香爐之典據

『瞿醯經』下云：「復令餘人，執淨氂牛拂及扇子與香爐。」

輪王太子之灌頂亦擬准故用之也。

五、灌頂五瓶行道之典據

『瞿醯經』下云：「其阿闍梨普應頂禮曼荼羅中一切諸尊，為灌頂故至誠啓請，即應奉持前所持誦百遍之瓶，徐徐當繞於曼荼羅，遶三匝已」，右遶三匝也。勿誤左遶，至切！至切！

六、灌頂用華鬘與臂釧之典據

『瞿醯經』下云：「亦以華鬘交絡兩肩，後與臂釧令著其腕。」

七、灌頂曼荼羅所有財物阿闍梨隨意受用之事

『瞿醯經』下云：「於曼荼羅所有財物，其阿闍梨並應收取隨意受用。」

八、未入曼荼羅者不得授真言

『瞿醯經』下云：「若有愚人不入曼荼羅，持誦真言，雖滿遍數終不成就，後起邪見，彼人命終墮於地獄，若有與彼真言者，彼亦墮三昧耶戒，命終之後墮於嚕羅婆地獄。」

九、灌頂之功德

『瞿醯經』下云：「若有如法以求功德，作曼荼羅，彼大菩薩生於淨土，其有入曼荼羅者不被鬼魅所著及諸蠱毒，毘舍庶、摩呼羅迦、羅刹、種種羯羅訶并諸魔難，悉不能傷，一切罪障悉皆消除不墮惡趣，所持真言皆得成就，不久即得成菩提果。」

十、灌頂阿闍梨之用心

『大日經疏』第三具緣品云：「若行事時及他決擇違妨，方復躊躇觀察，或取本尋檢，不名善作阿闍梨也。」

十一、五瓶之布置有二樣

於大壇上安置五瓶者有對丑寅（東北隅）與辰巳（東南隅）之兩方。就胎藏法而言，以東方赤華之瓶安置於丑寅之隅，餘瓶隨之。此方表因果不二之義，何者？東方是菩提心為因，西北為方便究竟之句所屬故果也。以因之瓶安丑寅之隅是表因果不二之眞理知之。又以東方之瓶置辰巳之隅，餘瓶亦隨之布列者，表此方是因行不離之義，何者？南方是大悲為根之句即行也。以東方因之瓶置東南隅即此意也知之，乃表因行不離之義也。

然密教之行是以灌頂為本，灌頂是南方寶生如來之三摩地法門，故辰已瓶是灌頂壇之所用歟。雖諸流共傳兩方，常用丑寅瓶為多，野山心南院是常用辰已瓶。又於金剛界之色法取赤色為西方是取日暮之赤色也。

十二、起立灌頂壇於便宜之處

『守護國界經』第九云：「若無如是稱法之處，不復簡擇隨所便宜以用安置，俱隨心地作曼荼羅。」

十三、五寶五穀五藥五香之表示

『大日經疏』第四云：「若深秘釋者，即是安立菩提心中五智之寶，能起五種善萌滅除五種過患，故云五穀五藥也。」

論云：「五寶是表示淨菩提心也」。『大日經』第七云：「淨菩提心如意寶」。菩提此云覺，覺有五種之不同，即菩提心開之為五智之寶也，此菩提心有修善斷惡之力用勝能也。以為五穀五藥者也。五種善萌即是因行證入方便之五轉善根，能起之即是修善，五種過患者即五六七八九之有漏妄識，能除之為斷惡，是則依五轉之善萌（五穀）除五種之過患（五藥）成立五智（五寶），此為寶穀藥之秘釋，疏雖無出五香，依『法華觀智軌』為准據即必具之。台密覺超僧都護摩集第二引今之疏釋云：「私云此中不釋五香，有云五香表諸佛五分法身也。」

『建立護摩私證』云：五香有二種，一者世間五香如文，二者出世五香謂五分法身清淨香，戒、定、慧、解脱、解脱知見也。

『都卒覺超護摩集』第二云：「作壇時用五寶五藥五香五穀」。

『法華建立軌』等共用此種四五物，『蘇悉地經』、『瞿醯經』等不云五香，『陀羅尼集經』不明五穀五香。

私云灌頂所用之瓶水必入五寶，表淨菩提心五智之功德故，餘得隨之。

十四、具緣品所說之白檀九位之曼荼羅

靜譽『入曼荼羅鈔』第三云：「今案塗作圓壇意云，為成辦灌頂事，造曼荼羅以前，供養諸尊，是故今塗作十二指量圓壇。」此鈔之意是為成辦灌頂事而先塗作圓壇供養諸尊，供養後無所用故於第五日規畫界域之時與之塗隱也。故同鈔云：「第五日以牛糞規畫界域時塗隱白檀圓壇。」

杲寶師詳云：「今私案之，此是料簡恐無謂歟。白檀圓壇是

正為三摩耶戒場塗作之也。」『瞿醯經』意至第六夜，師及弟子皆澡浴清淨，著新潔衣，持供物，詣如前所造白檀曼荼羅處，當如法加持自身道場及諸弟子，應知作白檀曼荼羅，即為第六日，護持弟子道場也。此文分明，若第五日塗隱之者，忽違此文，秘口云三昧耶戒眞言𑖭𑖦𑖧𑖭𑖿𑖝𑖿𑖪𑖽者，以最後𑖪𑖽字為戒體，𑖪𑖽字水輪種子，水輪白色圓形故，以白檀圖作圓壇即以為戒場也。

十五、傳法灌頂入壇者之年齡

杲寶云：「比丘受戒年齡滿二十為本，今且準彼故以二十以後，為入灌頂之期歟。然乃於太少人，不可許入壇也。『蘇悉地經』：年歲少壯，壯年者二十以後也。」靈雲『慧光論』云：「今案諸說，具足諸德最為正機，而如是人甚難可得故，四部眾能住本戒凡足攝受，然攝具戒之人必是二十以後，經旨但論具戒，豈問其年歲耶，況彼具德之人諸餘過失皆無所觀，何簡其老少耶。」

十六、一壇不許三六九人之入壇

『大日經疏』云：「蓋如來密意阿闍梨不釋所由」，然則其所由不可知，『灌頂決疑鈔』云：「但案其義，九界六道三途三種即表頓悟灌頂無機歟。」又或鈔云：「智証大師於唐朝問般若三藏，三藏答云：如來在世有三人修道行，二人和一人不和，是故修道簡三人，三人二為六，三人三為九，是故又簡六人九人也。」

十七、於同一壇灌頂受者限制十人

一義云：「已制十人，雖有懇請，不可越限制。」一義云：「疏第四卷尾云：今限於十人者乃是世諦曼荼羅耳。然阿闍梨自當平治心地，畫作大悲曼荼羅普眼度人多多益善，勿得如言而解也。當知制三六九是約世諦一途，若有慇懃懇請何不授之。」私云：「前義是疏之文與法緣難值，雖有乞給與濟度者但未合不為作阿闍梨灌頂之訓示。後義是難值法緣但有乞濟度者，雖未合亦為之作阿闍梨灌頂之訓也。」

十八、於一壇得授傳法灌頂與結緣灌頂

『大日經疏』第七云：「彼師自在，而建立大悲藏等妙圓壇，

依法召入曼荼羅，隨器授與三昧耶」，『略出經』第四云：「至其夜分引至壇門外，取赤色衣與披，如著袈裟法，若出家人合著乾陀色衣，以赤色帛掩抹其眼。」杲寶云：「準此等文，則於一曼荼羅在家出家乃至學法傳法，隨機而可有差異也。七日造壇大曼荼羅，非限第四三昧耶之傳法密壇也。

十九、傳法受者數限制十人

就之古來有四意，一是信此法者甚難得故，雖不可及十人，以無極之大悲故，限制至十人，二是淺行之阿闍梨，雖心行不周故，不可及十人，以無極之大悲故限制至十人。三是以平等之慈悲故不可簡人，雖限制十人而廣被一切眾生。若別指十人之名體即不可通一切，十人之限是被總故，道機能熟之人誰不入十人之限乎。乃至雖道機未熟而一切眾生悉有即佛性故，一切眾生無非無上菩提之法器，是故十人之中略攝一切眾生故，以無極之大悲而制限十人，四是十即表無盡，非情謂之十，故以無極之大悲限制十人也。

二十、具支灌頂

『大日經疏』第四云：「為作具支灌頂」，心覺『阿闍梨鈔』云：具支灌頂者者是事業灌頂也，先令弟子七日以來誠心禮懺之類，及令辦諸供物香華之類，緣壇所灌頂眾事，一一令具作以之名具支灌頂也。問言具支受明灌頂歟？傳法灌頂歟？答若於受明，若於傳法，具足支分所修灌頂名曰具支也。」

二一、具緣品之三世無礙智戒之名

就釋名『大日經疏』有兩釋，一是三世無礙智者是所成即一切智智也，戒是能成也，能成三世無礙智之戒，故名三世無礙智戒，即依主釋而得名。一是三世無礙智即是淨菩提心智也。此戒是以淨菩提心為戒體故，三世無礙智即戒，一體兩用之持業釋而得名也。

二二、大日經第六受方便學處品所説之十善戒

『大日經疏』第十七釋云：「佛前説入曼荼羅時，為弟子授戒時，即合説此戒法要，先受此戒已，住此學處，然後合聞如來秘密之行，此戒未造曼荼羅前即合為説也。

此釋之意是入曼荼羅之前方便授之，其旨分明也。故於子島式及靜譽入曼荼羅鈔等，第六日之戒儀中列此十善戒也。」『御遺誡』云：「如是諸戒十善為本，若上上智觀是即身成佛之途徑也。三世無礙智戒與十善戒雖是別說，約法體即同一也。

二三、與齒木令嚼之而後洗灑之

授齒木有二意，一者令弟子嚼之，二者觀其是器非器也。初是正作，後是因作也。『薩婆多部律攝』第十一云：「用齒木法事亦應知，謂於晨旦嚼用之得五種利，一決除熱水，二能蠲冷癊，三令口清淨，四樂欲飲食，五能明眼目。齒木有三種，長十二指，短者八指，二內名中，若嚼了已，水洗方棄。」此由比丘於前生中曾作毒蛇，嚼齒木時不洗而棄，附近有蟲中毒而死，由斯世尊制洗方棄。嚼楊枝決除熱水者表淨三業之宿障，又以右之牙嚼楊枝是表牙乃無障礙智，以楊枝喻煩惱。『略出經』云：復以摧破一切眾生煩惱隨煩惱。嚼而後洗之是以智牙調伏煩惱，以悲水潤之令甦生，取之表菩提心之功德為義也。令受者作此法之時，阿闍梨加持受者住於金剛牙菩薩之三摩地，以右手作金剛牙印夾齒木。又如噬諸煩惱者，以楊枝為所治，如云滌除過患即以齒木為能治，雖彼此似有相違，密教之意是迷悟一際，德患全收故，云所治皆所治，能治皆能治也以知之。

二四、又齒木

依『大日經疏』及『瞿醯經』等所說，與受者之齒木亦須嚴飾之，然當時之行儀是奉獻諸佛之物以白華飾之，受者用之齒木，不以白華嚴飾者違背經疏，不可依之。呈齒木是表示明日之供養，明日入曼荼羅受供養之正客即受者也，敢言不異嘉會之諸尊，何之略乎。

二五、受者嚼楊枝及正擲之處

『大日經疏』第五云：「既受戒已，師當取一齒木奉獻諸尊，餘者分授弟子，令出壇外向東或向北如法蹲踞嚼之，嚼已令向所面方而正擲之。」依此釋戒壇外的齒木作法分明也。然當時之行用是於壁代內之戒壇處行齒木作法，此種作法如何？或是隨方便歟。私云嚼齒木是棄穢垢故，於壇外作，但為便宜起見，於壇內下禮盤作表下壇之階下，又以衣蓋之，如於壇外作之意類同，又以薦斫三次掩之表埋污穢在地中以免污染波及他人歟。

二六、又白檀曼荼羅

安然阿闍梨具支灌頂第三云：「諸戒儀中多奉請釋迦文殊彌勒三尊，而普賢觀、心地觀等是釋迦佛化遺法用此三尊。今於白檀前宣請壇中八位諸尊。」

此釋誠如經所說，然義操法全并高祖大師等之諸阿闍梨之三昧耶戒儀中，即準據於『普賢觀經』、『心地觀經』之所說之應化佛化儀，奉請三師五師等，不用白檀曼荼羅者如何？但白檀是胎藏之要尊非兩部通用故，常途之戒儀不載歟。然兩部原來不二也，白檀曼荼羅何以不通金剛界乎。『大日經』不說者有依『略出經』所說而行之，何非兩部通用乎。

二七、金剛線

『大日經』具緣品之三結修多羅文，雖有醍醐廣澤兩傳之異，然均共表三股金剛之形故，疏云金剛結也。結線之形有種種之不同，『文殊師利根本一字陀羅尼法』云：「若有怨敵及諸惡夢種種怖畏，身心不安，以五色線結咒索作蓮華形或作輪形或作金剛杵形咒之。」

私云金剛線之形樣，醍醐是三股杵形或獨股形歟，澤方或以輪形歟。

二八、金剛線繫左臂

『般若寺鈔』第一云：「此信等五根，常迴定心中，經無量生不令失壞也。」五色線表五智，為示定慧相應義而繫於等持之臂也。或又云羂索是表大悲三昧也。悲智如次左右兩邊為主故繫於定臂。私云印度以右為男左為女，男悲女定，男悲主動，女定主靜。

二九、大日經所說戒法之差別

一是受方便學處品之五戒十善戒，二是具緣品所說之三世無礙智三平等戒，三是『大日經疏』第十七所出之不捨三寶不離菩提心之戒，四是同卷所出之不捨三寶等四重更加六重之十重禁戒，五是具緣品所說之常不應捨法、捨離菩提心、慳悋一切法、不利眾生行之四波羅夷也。學處品亦說此四重，曰：「有四種根本罪，乃至活命因緣亦不應犯，云何為四，謂謗諸法、捨離菩提心、慳悋、惱害眾生，所以者何？此性是染非持菩薩戒。」六是『大日經』第五持明禁戒品所說緣明所持之戒也。又依安然之具支灌頂第三，入三昧耶耳語一偈之戒。就之杲寶師之意是「此一偈『大日經』不說之」。以『略出經』第四所說將投花之時阿闍梨耳語而授之：「汝今已入如來眷屬中，……亦自招殃咎耳」。以此文為一偈戒。三卷之教王經所說亦同，但與梵文之說有異，阿儞也玐儞帝即是。又云：『大日經疏』第八說：「當深起慈悲護念之心，耳語告彼三昧耶戒，勿令諸餘未入壇者聞聲」，此一偈當於轉字輪曼荼羅行品中說之，轉字輪品云：「圓滿菩提心故，耳語而告無上正等戒」。疏釋此文云：「所謂令住菩提心，別有說處也。別有說處者，指龍智菩提心戒偈歟！菩提心戒樞要秘句也。」龍智之發菩提心戒偈云：「今所發覺心，遠離諸性相，蘊界及處等，能取所取執，諸法悉無我，平等如虛空，自心本不生，空性圓寂故，如諸佛菩薩發大菩提心，我今如是發，是故至心禮。」此偈同『大日經』第七之發菩提心方便增加之句。

三十、十重禁戒

『大日經疏』第十七云：「復次菩薩自有十重戒，如前不殺等，不在其數乃是偷蘭也。云何十耶，其四如前所說，更有六重并為十也。第五重禁者謂不謗一切三乘經法，若謗者即是謗佛法僧，謗大菩提心，故犯重也㔟，何況三乘法。第六不應於一切法生於慳恪，若犯毀重禁也。即是捨菩提故犯重也。第七不得邪見謂謗無因果㔟，隨一途説也。第八於發大心人從前勸發其心㔟，即是違逆一切如來所應作事，故犯重也。第九於小乘人前，不觀彼根而為大法，玏差機說法為人天怨，故犯重也。第十菩薩常當行施，然不得施與，玏今則相背故犯重也。當知前不殺等是將順他人意，又初入法者所持之戒，今次說十事乃是一切菩薩正行之戒也。若菩薩以正順後十戒，假使行前十事中而不為犯。

『無畏三藏禪要』所出之十重戒同異校之

三一、『無畏禪要』及『大日經疏』所出之十重戒是普顯密共通歟？或唯密行歟？

『禪要』之第七請師門云：「弟子某甲奉請釋迦牟尼佛為和尚，以此觀察之十重戒似顯密之通戒，何者？以應化之釋迦為戒和尚故，然三昧耶戒是傳法灌頂之前方便故，密不共之戒也。高祖大師之三昧耶戒儀有出此十重戒，以此思考即如密不共之戒，又於顯教大乘之諸經不說此十重戒！

三二、結緣灌頂之受者授四波羅夷等戒耶否

『大日經疏』第五云：「然此三世無障礙智戒，凡結緣者皆令豫聞，其四種根本及三昧耶，又一偈則當耳語戒之，具支灌頂者乃應聞耳。」依此釋即可見四波羅夷是唯具支灌頂授之。然當時之結緣灌頂三摩耶戒式列之，相違如何！檜尾僧都東寺結緣灌頂戒儀中載以四重戒，爾來野澤之諸師結緣灌頂三昧耶戒之戒相列之，祖師之行儀不可測者也。勸修寺榮海僧正云：「疏意耳語三昧耶四重等，第四三昧耶傳法人所受戒也，慳悋一切法等戒為後學師可授之故也。」但古來結緣灌頂皆授四重十重為三

昧耶戒行儀其來尚矣，可問明師，試會云四重十重戒相，可相涉第二第三第四三重灌頂歟。第二結緣人唯誓其戒相未得行體，第三人得行體未及傳法。第四人既得師位授其戒，雖得同戒不可亂灌頂位歟，尚可決斷其義也。」杲寶云：「依此料簡當段決，且就傳法師位，雖以四重耳語具支人，廣約大悲救度門，阿闍梨可迴轉密意，存結緣聽許也」。又教覺上人傳云：「疏意三世無礙智戒為總體，開出十無盡戒，四重十重等諸戒，於其中約結緣傳法二機，於戒相，相分聞與不聞二種，當段釋，當讀文點，然此三世無礙智戒，凡結緣者皆令預聞其四種根本及三昧耶，又一偈則當耳語戒之可訓之。小野僧正華藏院律師等點本如此。」若依此點古德之行用不違疏文。

三三、阿利沙

『智度論』第二十五云：「阿利沙（秦言聖主）住處」，又云「阿利沙住處（阿利沙第一最上極高，不退不卻不沒具足功德無所減少，是名阿利沙住處）」。供養法疏下云：「阿利沙者歎佛功德也」。四十帖決云：阿利沙者猶是加持義也。

三四、大日經七日作壇灌頂法第六日三昧耶戒，第七日入壇俱以夜之行事也。當時之行用是於一日，夜晝是三昧耶，夜是行灌頂之本據。

『略出經』第四說齒木誓水等之作法云：「如法服已，至其夜分引至壇室室門外教令發露懺悔一切罪障，隨喜迴向一切功德，教作如上四種禮拜法已，取赤色衣與被，如著袈裟法，若出家人令著乾陀色衣，以赤色帛掩抹其眼。」

當時之行事是依此經文歟。『略出經』不說七日作壇之作法，傳教大師之金剛界七日行事鈔是胎藏法為準據而作歟。

三五、誓水法大日經有第七日之行事，當時之行用是在於戒壇行之，如七日作壇之第六日作法事項

『瞿醯經』上簡擇弟子品說齒木作法云：「其諸弟子還如前坐，其阿闍梨用辦事眞言持誦前所辦水，各取三掬令與飲之，飲已然後乃至我某甲明日作某甲曼荼羅隨力供養。」

當時之行用是契此文歟。故或第六日屬之，或屬第七日，經說有兩方也。

杲寶師云：即事而眞自宗大旨也。而第六日是受戒日也，其戒體者即此誓水也。常途之教雖有淺深，皆以幽邃玄理為戒體，而今作秘密加持，戒香和𑖪𑖽水令受者飲服，故尸羅戒體納得心中，甚深得益難思妙門也。當時行儀契文合儀者歟。

三六、七日作壇與一日作壇及融會無礙

『大日經疏』第五云：「秘密釋中，正以道機嘉會為時，或以加持方便，促百劫為一夜，或演一夜為百劫，修短在緣，無有定限也。」持誦不同第一云：「若欲長時，習持諸尊普念誦法，當以七日行法，日日三時修之，何者諸佛菩薩從無量劫在於一念，延於一念在無量劫，修短無礙入法界故，如今行者學此行故。」

三七、灌頂之引入受者時用大鉤召加持之本據

『胎藏青龍軌』上云：「定慧內成拳，慧風屈如鉤，隨召而赴集（灌頂時以此鉤印引行者入門）。」

『灌頂儀軌』云：「金剛鉤眞言引入。高祖之『胎藏灌頂記』云：「次引入弟子，次門前鉤召印。

三八、五色及其次第

『大日經疏』第六云：「潔白是毘盧遮那淨法界色，則一切眾生之本源故最為初，赤色是寶幢如來色，既發菩提心於明道中降伏魔怨滅除蓋障故第二，黃色是娑羅樹王色，以成正覺時萬德開敷，皆至金剛實際故第三，青色是無量壽色既到金剛實際即以加持方便普現大悲曼荼羅，如淨虛空中具含萬像故第四，

黑色是鼓音如來色，所以垂普門之迹，皆為顯本，本者即是如來自證之地住大涅槃，若捨加持神力，則一切心量眾生非其境界，是故其色幽玄而最居後也。復次如世間淨帛，先受染色故，最後黑是染色之極，以最深故不可復加是以居後，曼荼羅色義亦然，白是越百六十心垢義，此名信色故最初，赤者大勤勇義是精進色第二，黃謂一念相應時定慧均等七覺開敷，是名念色故第三，青者大空三昧義是名定色故第四，黑者謂大涅槃義即是如來究竟之慧是名慧色故第五。或有言說白色最初，黃為第二、赤為第三、青為第四黑為第五者，此約受染淺深有容有上之義。又白是信義最初，黃者猶如金剛不可俎壞即是進義故第二，赤為心障淨除，光明顯照即是念義故第三，餘如上釋，法門所表各殊也。復次白是寂灾色，如來部義故最初，黃是增益色蓮華部義故第二，赤是降伏色金剛部義故第三，青是成辦諸事，亦出生隨類之形故第四，黑是攝召義即諸奉教忿怒等所為眾務故第五也。復次如世間綵畫不過五色然更相涉，有種種深淺不同，巧慧者善分布之，出生萬像無有窮盡，法界不思議色亦復如是。統而言之，不過五字門，然亦更相發揮成種種差別智印，如來以普門善巧，圖作悲生曼荼羅，乃至出生世界微塵數，隨類之形猶，不窮盡，若瑜伽行人得此中意者，當觸類而長，自在施為，寂滅眞如中當在何次，如偈中所說，且舉一途法門提其綱領耳。」

疏釋有白赤黃青黑之次第與白黃赤青黑之次第兩說，就之演奧鈔第十七云：「問上來所明五色次第，已有兩說，以何而為正乎？答諸流各別且依一傳，則以白黃赤青黑次第正也，他門相傳亦有同之，『三部曼荼羅』(智証)云：「五色者，白黃赤青黑，此為定義餘皆傍說。」『慈氏軌』下云：「第三院最外白黃赤青黑之五道圍之表五智之義」。『尊勝軌』下云：「第三院外緣畫五道白黃赤青黑，此表五智五佛頂之義。」兩軌俱是善無畏之譯也。白黃赤青黑之次第以為疏主之正意知之。又『瞿醯經』中云：「其五色者謂白赤黃青黑」。五色界眞言云𑖨𑖨𑖽𑖎𑖧𑖮。是白赤黃青黑之次第故，兩說應隨用之。白赤之次第是諸法法爾之次第，白黃是受染淺深之次第也。又疏之復次釋是約深秘明無次第之義，論五色之次第是約修生，若約次茅有出現之故，無次第之義是約本有，若據本有俱時圓滿之故也。

又『大日經疏』第十六入秘密曼荼羅位品之釋云：「五行者，即是五寶謂五色也，白黃赤綠黑次第也。白間錯是戒也，黃是信，赤是進，綠是定，黑是慧也。上釋云初白次赤次黃，今以此釋為定，前釋非也。」大疏前後對照之，可知疏主之意。又此疏文「間錯」錯之二字是亂脫也。

三九、灌頂用香象之事

於本經儀軌中未見「香象」其文，以師傳用之。蓋是為薰馥衣服歟。智証大師之「胎藏瑜伽記」云：「以帛覆面加持如法，從象背上過去引至壇門」，以此見之，自唐朝就用之，以來明矣。

靈雲慧光和尚云：「我聞之師，受灌頂者入道場時，便越香象非正超香象，是騎象之義，即普賢金剛薩菩埵儀則也。受者為金剛薩埵故今令騎香象耳，尚在口傳。」高祖大師御作『胎藏灌頂略記』云：「師右手取其印末，引入越香象。」

四十、略出經於秘密道具不說法輪

同經第四云：「其二足間想種種色為法輪相八幅莊嚴」。如斯於前為此觀加持受者故，於明鏡法螺之處不說之也。

四一、灌頂用覆面赤白之事

胎藏界即用白色新帛為本，大疏云：次取新淨白疊，或餘繒帛。金剛界以用赤色為本，故『略出經』第四云：以赤色帛掩抹其眼。三卷之教王經第三云：「以緋帛覆面」。又『攝大軌』中云：「赤衣覆彼首，以之來看，胎藏之覆面，赤白併用歟！又灌頂儀軌云：「次夜取赤衣覆其首」。依此軌即兩部並用赤帛歟。當時小野流之灌頂即然也。又準施護三藏譯之三十卷教王經，即隨五部之灌頂，覆面之色有異，彼經說降三世曼荼羅入壇投花之作法云：「青帛覆面」。

四二、灌頂之敷曼荼羅的外金剛部加與除

神日律師之九會尊位，引淨住寺海雲之『金剛界大教王經師資相承傳法記』云：「內曼荼羅尊位三十七乃至四隅有一忿怒明王（或置標幟形），總成八十一聖者身，內五十三尊屬灌頂尊，自餘天等皆名外金剛部不名灌頂位。」慈覺大師妙心大云：「問華著何等尊位時，為弟子受灌頂，答除諸天之餘皆灌頂。」以上之傳是除外金剛部也。又『陀羅尼集經』第十二云：「阿闍梨語汝散花，著某佛般若，某菩薩、某金剛、某天等位，隨其所著好記莫忘。」又東寺寶藏之一本，有加外部之天。此乃加外金剛部之傳也。

私云：兩傳都有意趣，除傳承之意，於初心凡夫之受者，若

投外金剛部之餓鬼畜生等，因其未解密教之深義故，或生大疑懼之心，依之以阿闍梨之巧方便除之也。若加入之傳意，假令雖是外金剛部，都是大日如來之等流法身故，成為解脱門之善知識也。何云除之乎。

四三、灌頂護摩壇安置之處

『瞿醯經』中摩訶曼荼羅品云：「於外門左邊置護摩火爐，或東南方置其火爐，或隨事相應而置火爐。」初於門外左邊者，西門之南邊也。次東南方者火天之方也。後隨事相應者，隨息災等四種法之相應方也，以大壇之外之四方安之也。又『檜尾護摩法略鈔』以上三説之外，加當大壇通門作火爐之説總為四説。又梵語之𑖮𑖺𑖦之𑖮𑖺字是以𑖮𑖺字為體也，故以因業不可得之三昧為字義。『大日經』第六護摩品說滅除業生即此。𑖏是大空智以為字義，即經云「成淨菩提心」者即說此也。『大日經疏』第八云：「若作深秘釋者，以護摩支分是眾因緣義，由此因緣能生三有災患，今還以此為慧火之資，供養一切普門身，增益不思議勢力，經云煩惱為薪，智慧為火，以是因緣成涅槃飯，令諸弟子悉皆甘嗜即是義也。」

經云即指涅槃經第四如來性品也。

四四、灌頂護摩

於『大日經』第二具緣品說火天一段，同疏說火天諸尊之二段，但非當時行用之普通諸尊段，是以部主、本尊及眷屬并火天總於此一段合供云諸尊段也。別將火天供養，然後以本尊等合供之，重覆供養火天者，以火天為護摩之主故也。故亦有以本尊等諸尊總合在於火天段合供之作法。西院之一段盡諸段之護摩法即此也。又同疏之末有復請火天重受餘供等之文，以之判為後火天段之說，但此乃將殘餘以供火天之作法，並非特為一段也。

灌頂內庫三壇位置之圖

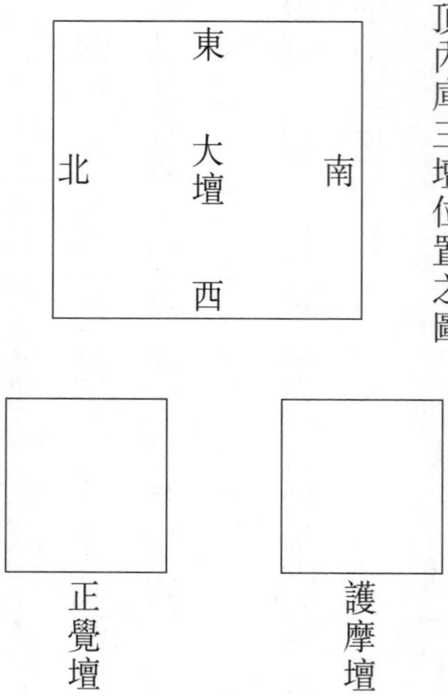

圖（四）

『大日經疏』第八云：凡火爐應當中胎，若處所不便得漸移近南乃至對西南角，此灌頂壇又在火壇之北。南主火，北主水故。

四五、灌頂內庫之外置護摩壇

『大日經疏』第八云：「若室中造曼荼羅隘迮者，當出外於望見，道場處如法作壇。『不空羂索經』第七云：「去道場處，不遠不近觀見尊容作護摩壇。」『烏芻澀麼軌』云：「或於精舍外爐遙對於尊。」

四六、灌頂護摩之度數

依『大日經疏』之意第七日夜灌頂作法之時，修護摩行法，總合之謂四箇度，一是投花以前大壇行法之次修之，為供養大壇之諸尊也。二是投花以後取弟子之右手之加持法也。為成就弟子為傳法之器也。三是傘蓋行道了修之，為供養新阿闍梨也。四是灌頂了大壇之後供養以前行之。為灌頂事畢，重供養大壇之諸尊也。又依『瞿醯經』，第六日之護摩與第八日之補闕供養之護摩加之為六箇度也。

四七、正覺壇之曼荼羅

於曼荼羅諸尊中，特以十二尊安置於正覺壇者，乃此十二尊是有補翼受者之本誓之功也。『四十帖決』第十一云：「此十二執依本誓願故來集華葉輔翼新佛也。」智証大師什鈔壹云：「一總持自在、二念持、三利益心、四悲者；一著什色衣、二滿願、三無礙、四解脱，此等之八人，於大壇中，未見其名及形樣，一一垂示』『儀軌本經』不說其形樣。又祖師請來之圖無故，但以種子或三形安之。『四十帖決』即安十二個吽字，淨嚴師是安置十二箇三瓣寶珠。勸修寺榮海記云：「八葉即是正覺壇故，此外不別用曼荼羅，阿闍梨勸請十二尊令圍繞八葉，是則甚深之觀道也。受者坐蓮花台中央繼佛位，以十二尊為眷屬，不披閱本文不得口訣似失深旨也。」

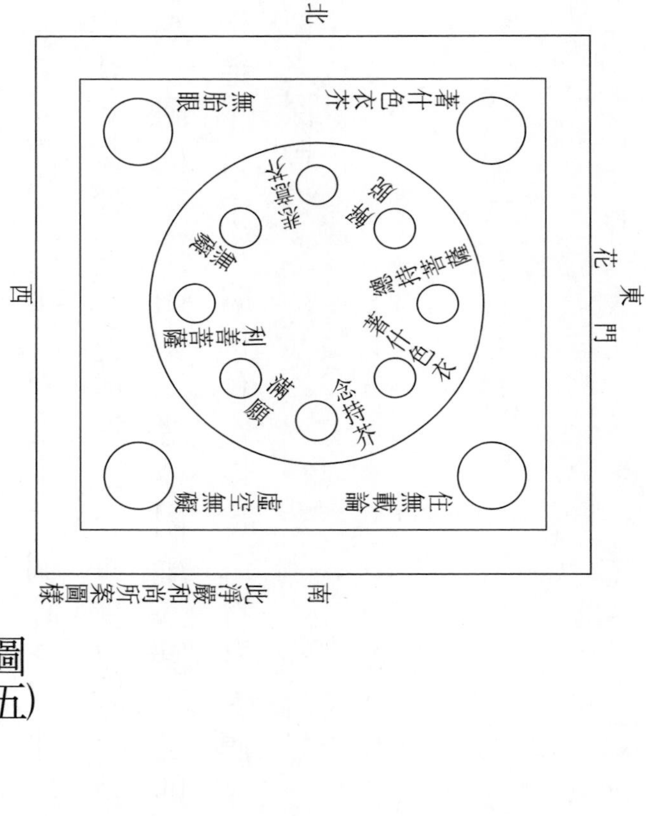

圖(五)

四八、正覺壇之十二尊大壇之座位

『大日經疏』第八云：「其四菩薩於第一院各於一方置之，使者如來下挾門左右。」

第一院者曼荼羅之第一重內眷屬之位也。如來下挾門者大日如來下之挾門即持明院之門也。四執金剛之座位在大疏雖無明判，安於持明院之二明王之中間歟。至正灌頂時阿闍梨召請此十二尊於正覺壇，以本願力故此十二尊來正覺壇成為眷屬輔翼受者也。正覺壇最初之灌頂以前之供養雖云供養總十二尊，以受者為主要本故，常謂為受者供養云。

四九、五瓶灌頂

『大日經』第二云：「四寶所成瓶盛滿眾藥寶」。『瞿醯經』下云：「又執四缾令住傷邊」，『略出經』第四云：「使四淨人持上寶缾」。大疏第八云：「次四寶所成瓶者，即是毘盧遮那四德之寶，置在中胎四角。」印度輪王太子之灌頂是取四大海之水及四大河之水以之盛滿四寶缾行灌頂。出世間佛法之灌頂是即事而眞故，以彼為準據。故本經儀軌中皆說四缾不言中缾，中缾秘之不言也，是以彼世間灌頂之四大海水四大河水為準而言也。然『略出經』第四註云：「如來部缾若是畫像壇即隨有空處置之」。再說瓶水灌頂，如來部瓶者非云中瓶，何也？『四十帖決』第十二云：「以四瓶（四者五也秘之）灌之。」

五十、台密灌頂之五瓶行道即五人各持一瓶行道

『略出經』第四云：「又於壇周圍界外想四月輪，使四淨人持上寶瓶住月輪中。」中瓶秘而不宣，此經文是五人各持一瓶為行道之準據歟。同經又云：「又想弟子心中有月輪相，內有八葉蓮華台，亦有婀字，若得金剛部於婀字內想有跋折囉，若得寶部想有寶珠；若得蓮華部想有蓮華；若得羯摩部，想有羯摩跋折羅；若得毘盧遮那部想窣都婆，師應想己身如毘盧遮那像，執弟子所得部瓶（如來部瓶，若是畫像即隨有空處置之，若手印壇即於壇上置之）各想其部物體在瓶水內。」又云：「若作阿闍梨灌頂法者，應次第如上法遍用五瓶，以四種鬘，鱗次以繫其額」，此文中瓶之本據也。

五一、又台密灌頂之五瓶行道之五人

『略出經』第四云：「使四淨人持上寶瓶住月輪中，帝釋方人想如普賢，琰羅方人想如彌勒，龍方人想如滅諸障礙，夜叉方人想如離諸惡趣。」『瞿醯經』下云：「又執四瓶令住徬邊，持四隅之瓶，其四人即表四伴侶之菩薩，大阿闍梨是毘盧遮那之故，即持遮那之瓶，一同共行道三匝之儀歟。又四伴侶之菩薩即是普賢、慈氏、除蓋障、滅惡趣之四菩薩歟。又為灌頂之四伴侶菩薩即將所持之瓶以灌受者頂上，大阿闍梨是毘盧遮那身故持中瓶灌頂歟。

五二、灌頂之五瓶行道

『瞿醯經』下護摩品云：「即應奉持前所持誦百遍之瓶，徐徐當繞於曼荼羅三匝已，復以三種眞言持誦其瓶。」於此中前所持誦者，即不動眞言也。又三種眞言者三部之眞言也。此文是說受明灌頂故，隨受者所得之尊以其部之眞言，其部之瓶灌頂也。傳法灌頂即不然，大疏第八云：「即持寶瓶徐繞曼荼羅三匝」，又灌頂時之三匝行道是大阿闍梨恭敬圍繞曼荼羅請求諸尊加持之儀歟。又灌頂瓶本來是在中台八葉，阿闍梨入內取持之，一邊加持而從第一重第二重第三重經行道緣出壇外之儀歟。此次仰明師受眞訣也。

五三、又三匝行道事

安然阿闍梨具支灌頂第九『瞿醯經』之即應奉持等文及大疏之即持寶瓶等文釋之云：「次持在前，加持弟子之日，召請持誦之瓶（文不云數，義準四瓶可持初一）繞曼荼羅三匝。」

註云：在前明王眞言以加持，正作曼荼羅日，三時持誦，文云以不動加持，次以四大菩薩各加持一瓶，今者繞曼荼羅之時，義準穸以明王眞言加持，後檢念誦結護法，持誦本尊眞言繞行，次更如法加持四瓶。

此釋之意是初繞曼荼羅時，唯持初一之瓶行道三匝，此時是持誦不動眞言亦持誦本尊眞言。畢了以普賢等之四大菩薩眞言加持四瓶。大疏之復更如法加持即指此意也。舉一全收故，加持初一之瓶攝後三瓶之意在。又當時是台密三昧法曼荼羅等之諸流，及我眞言宗諸流之行持是五瓶各別右繞行道三匝也。

五四、蓮花座上更敷茅草座

『瞿醯經』下護摩品云：「先辦新淨座，以辦事眞言持誦其座，置於灌頂曼荼羅中。大疏云：「凡欲灌頂時用辦事眞言加持座物，安置蓮華台上。」

座物者，茅草座也。『陀羅尼集經』第四云：「於西門外作大蓮華座，於華座上敷生淨草。」生淨草即茅草也。夫正覺壇是表法報應化之三身，同時成道之儀。方壇即表阿字本不生之義故，法身本有之成道；蓮華台是報身之成道；草座是應化身之成道。釋迦佛成道之時坐茅草座，受者即本來具足三身德故也。

五五、受者蓮華台上之坐法

『大日經疏』第八云：「令依吉祥坐法而坐其中」。就吉祥坐經軌有三説，一是『瑜伽護摩軌』云：「息災作吉祥坐與慈心相應，交兩腳豎膝右壓左」，『烏芻澀麼軌』等同之。二是『不空羂索經』第九云：「若扇底迦三昧耶應以面北結跏趺坐吉祥之坐，此即結跏趺坐為吉祥坐。」三是『不思議疏』下云：「吉祥坐者右腳著左髀亦言半跏趺坐是也」。半跏趺坐有降魔坐與吉祥坐，以左押右為降魔坐，以右押左為吉祥坐也。

五六、左腳踏蓮華門右足踏華台

『阿闍梨灌頂儀軌』云：「次當引所灌者左足踏華門右足踏華

門右足踏華心」。『蓮台灌頂別傳儀軌』云：「先上左足踏蓮台緣，應觀超十住十行十迴向位登初歡喜地，上右足踏蓮台中，應觀登第十法雲地授職灌頂之位。次以右足踏青白蓮華上結跏趺坐，是妙覺究竟授職薩頂之位（取意）。」又灌頂壇之門兩部同一開於東，受者向西而坐，東方是淨菩提心之方，西方是菩提之方也。受者是安住於淨菩提心志求無上菩提之果也。

五七、胎藏法之灌頂壇是巽瓶（附）四菩薩加持

胎藏法之灌頂大壇加持四隅時，以普賢、慈氏、除蓋障、滅惡趣之四菩薩順序行之。大疏第八云：「復次四菩薩眞言各持一瓶，普賢是無盡行願寶，慈氏是無盡饒益眾生寶，除蓋障是無盡淨知見寶，除諸惡趣是無盡大悲方便寶。」大疏第十三云：「是

中台四大菩薩所加持瓶也。以菩薩寶而用莊嚴也。」

胎藏八葉之普賢既住東南隅巽方，故以巽方為起手置瓶也。又依大疏第八乾方瓶以除蓋障艮方瓶是滅惡趣尊加持。又依大疏第十三即以普、文、觀、彌之次第加持也。又以四菩薩加持者即是以胎藏法為因曼荼羅也。胎藏大日之德開為四智四行，今於中取因德也。如斯大疏之文相雖是與第八與第十三似有相違，但觀音之妙智力即是除蓋障之無盡淨知見故，除一切惡趣之無盡大悲方便是即文殊之說法度生之智，方便故，無礙融會其實是平等平等也。

五八、金剛界灌頂

『金剛頂略出經』第四之次明與金剛弟子入壇場灌頂法以下

至經之終說灌頂法，大體雖與『大日經』同，又有多少之異，大阿闍梨之人可二經對照知其同異。灌頂壇之十二尊四伴侶之菩薩方位雖兩經全同，但四執金剛與四奉教者之方位即不同也。『大日經疏』是巽方起終於艮，『略出經』是起於艮方終至乾方。又蓮華台上『大日經』雖觀「覽」字，但『略出經』即觀「暗」字也。又四執金剛四使者之方位是以艮方起首為義準之，金剛界是以艮瓶為本。胎藏是因曼荼羅故以因位為旨，巽瓶為本。金界是果曼荼羅故以果為本艮瓶也，然行或果都是淨菩提心所具功德之發現，不離菩提心為因之句故與東方并交攝也。又『略出經』雖無說加持五瓶，以五佛灌頂印明灌頂準之，即以羯磨會之五佛眞言加持之，果曼荼羅之故取果德也。前所出之『略出經』，又於壇周圍界外想四月輪，使四淨人持上寶瓶住月輪中，帝釋方人想如普賢等，說如胎藏法以四菩薩加持四隅之瓶之意歟。於金剛界灌頂以胎藏四菩薩加持四隅之瓶者表因果不二歟。

五九、於胎藏灌頂授五股杵之典據

『大日經』中，灌頂次無授五股杵之文，雖在大疏亦無此釋，但在無畏三藏之『攝大毘盧遮那念誦儀軌』說之。同疏第二云：「觀羽持五智授與彼雙手，諸佛金剛灌頂儀，汝已如法灌頂已，為成如來體性故，汝應授此金剛杵。」『略出經』第四有說此偈。

六十、五色受染之次弟

東方黃色即配寶幢如來，寶幢佛之法體是淨菩提心，配於三句即是菩提心為因之句，此菩提心能麾使六度萬行戰煩惱妄執之惡軍故云幢，即云菩提心之作用也。如世間之軍旗能麾指三軍，此菩提心堅固不動如金剛故，為標幟此義故取黃色，黃即金剛之色也。南方赤色即配開敷華王如來，開敷大悲萬行之花故配三句中之大悲為根之句，勇猛精進萬行盛昌，恰如正午之日光，故取赤色，即日輪行南，日中之光明色也。西方青色是配無量壽如來，三句中屬方便究竟句，證菩提之位也，菩提是大空智之故取虛空色，即佛果無間道之前半刹那法明道之位也。北方黑色配雷音如來，是亦屬究竟之句，入涅槃之位也，一切煩惱妄執之喧擾悉消滅，寂靜無為無相也，標此義故取黑色深玄之色。佛果無間道之後半刹那除蓋障三昧之位也。中央白色是本性清淨之色，即是心王毘盧遮那也。又法爾生成之次第者，東方赤色是配寶幢佛，菩提心為因故，取日出之日光赤色，南方華王如來配黃色，大悲為根故，所修大悲萬行堅固不退如金剛，亦標成就諸功德之義故取黃色也。西方北方準前知之。又艮瓶是因(東)果(北)為不二之旨，因果交攝之處，故置最初之瓶，巽瓶表因行不二準知之。又艮瓶以依智故，金剛界灌頂是用艮瓶。胎藏灌頂是用巽瓶，何者?以巽瓶即是行故也。

六一、金籌明鏡等配當四轉說

古來一傳云:「金籌、明鏡、法輪、法螺以如次相配東南西北之四點而解之。」

六二、傳法灌頂後朝歎德之典據

『大日經』第二具緣品云：「爾時金剛手白佛言，世尊若有善男子善女人入此大悲藏生大曼荼羅王三昧耶者，彼獲幾所福德聚，同見佛世尊故。」

六三、在家居士阿闍梨之典據

『大日經疏』第九云：「阿闍梨自作毘盧遮那時，解髻而更結之，若出家人應以右手為拳置於頂上然後說此眞言加持之。則一切諸天神等不能見其頂相也。」

解髻而更結之是解生死之髻，結如來之髻之意也。

六四、又有兩部之色法

『𑖪𑖽𑖀界秘事』云：「白黃亦黑青金五色，白赤黃青黑胎五色」，此中金界次第是約中因發心，白是中央發心，直即徹到本有菩提心故，以白色為發心之色，東是修行故，以黃色為之，黃金色是表諸功德之聚集，南方是成菩提心故赤色，即日沒前之日色，西是入涅槃故取黑色，知是寂靜無相，北方是方便究竟，故以青色，青色即虛空也。化他之方便周遍法界而含容諸功德，如虛空之普遍無礙故，以虛空之色為北方之色。又胎藏之色法是約東因發心，東方赤色取日出之色，西方成菩提故即大空智，故取虛空之青色，胎之色法是如『大日經』具緣品所說，金剛色法是依『略出經』而言，即與『大日經』之說相同，然於『𑖪𑖽𑖀界秘事』乃是依相承口說也。

六五、灌頂之種類

『大日經疏般若寺鈔』第三云：「問灌頂有幾種？答壇有二種，一即世間之輪王灌頂，二出世間法王子灌頂也。輪王灌頂如疏所說也，法王灌頂如經所說也。二種灌頂皆為令其種性不斷故也。」靜譽師之『入曼荼羅鈔』第一云：「今檢諸教，乃粗見灌頂種類，粗分有七種，細分十三種，粗分七種者，一者緣灌頂，二者息災灌頂，三者受明灌頂，四者阿闍梨灌頂，五者傳法灌頂，六者自作灌頂，七者本尊灌頂，細分十三種者加付第二息災等灌頂分為三，謂息災增益降伏也，并第一結緣灌頂成四種；第四阿闍梨灌頂又分為三，佛部、蓮華部、金剛部也，并前四再加受明灌頂成八種；第五傳法灌頂亦分為三，謂印法與事業及心灌頂也，以此三種并前八成十一，合自作、本尊二種故有十三種灌頂耳。」

結緣、受明、傳法灌頂皆是『大日經』『略出經』『瞿醯經』等說之，息災與阿闍梨灌頂是『瞿醯經』說，本尊灌頂是『蘇悉地經』說，自作灌頂是『不空羂索神變眞言經』第九之所說也。

六六、灌頂之意義

『大日經疏』第十五云：「譬如世間刹利之種，謂欲紹其繼嗣，令王種不斷故，為其嫡子而作灌頂，取四大海水以四寶瓶盛之，種種嚴飾，又嚴飾子身眾物咸備，又飾大象背上，於象背上持瓶，令太子坐於壇中，所統畢集，於象牙上，水令流注太子之頂，灌此水已，本聲三唱，汝等當知太子已受位竟，自今以後所有教敕，皆當奉行。今如來法王亦復如是，為令佛種不斷故，以甘露法水而灌佛子之頂，令佛種不斷故，為順世法故，有此方便印持之法。從此以後，一切聖眾咸所敬仰，亦知是人畢竟不退於無上菩提，定紹法王之位，諸有所作，眞言身印瑜伽等業，皆不敢違越也。」

六七、阿闍梨身上之投華

『大日經疏』第十六云：「師既住瑜伽之座，以其身心作佛海之會，唯獨自明了，餘人所不見也。次授弟子花，令投師身上，供養內心之佛，而觀本緣，隨其本緣而觀其法，若本尊攝受花，於中彼師皆觀之不謬。」

六八、自灌頂法

『大日經疏』第十六云：「然行者若於此自持誦觀照之時，亦當如法習之，用此灌頂之內而自灌洒。」安然和尚『菩提心義』第四末云：「問大日宗，秘中深秘法中，其師先在壇門作自灌頂。又觀行者，欲念誦時作自灌頂，並觀自身五輪同體，阿為地為身，中觀八葉海會，下為金剛持蓮莖，海畔觀諸天等及供具等，以為自灌頂法。今金剛頂何以故不如此耶？答此界亦同，初以五字成地成身，次以五相成身，中觀月輪乃至一切諸佛三十七尊，來入身中成本尊身，五佛加持灌頂名自灌頂法，故此五灌頂法，亦須胎藏而通用之。」

六九、灌頂護摩

『略出經』之意：「授與秘密印可畢，最後可護摩者，即是為受者之圓滿寂靜及除諸障礙而行之也。」

七十、灌頂用裹寶物

『陀羅尼集經』第十三都會道場印咒品云：「其寶物等碎五穀相和，以絹片裹，用五色線繫頭。」又云：「次將絹片七寶五穀一處共裹，以五色線繫其頭，亦準人數。」

七一、天蓋

『陀羅尼集經』第十三云：「又以紫綵而作一蓋，亦用緋綵而作一蓋，其二蓋骨屈竹而作，各長九尺竿，擬執將行，從覆阿闍梨入壇弟子，來去出入作威儀用。」

七二、齒木及誓水法

『陀羅尼集經』第十三都會道場法品云：「其弟子等受柳枝已，卻跪坐嚼楊枝頭，然後向前投其柳枝，阿闍梨一一看其柳枝墮處，若其柳枝嚼頭向身即為大吉，若向南者即為不吉，若其嚼頭向餘方者即知平平，如是次第試驗徧已，然後次第香水灌掌及與飲之，人各三呷，一一弟子灌掌徧竟，次阿闍梨以跋折羅印水自飲。」

七三、正覺壇

『陀羅尼集經』都會道場法品云：「於其道場，次東北地，去二三尺，更作四肘白水壇位，次道場外，向西南地中庭亦得。又云次著宣台床子各一，是則眾人灌頂壇位。」

此經之意，四肘白水壇上安置燈四盞，飲食四盤之供養物，供養受者，受者在此壇外之宣台床受之也。子島流之灌頂式則依此經歟。

七四、五色線

『陀羅尼集經』第十三都會道場法品云：「次第六日阿闍梨，以五色線隨其受法人數多少為結咒索，用馬頭觀音大心咒咒之，即説咒曰：唵阿彌哩都知皤許泮。當用此咒一咒一結，如是結滿五十四結作咒索已。」又云：「以咒索，繫於一一弟子左臂。」

七五、瓶華

同經云：「即以柳枝、竹枝、梨枝、柏枝，各并葉塞諸鑵瓶口，乃至各以生絹三尺繫其枝葉。」

七六、於灌頂作音樂供養

同經云：「次清樂兩部，長笛簫笙咸角箑琵琶擊竹箜篌方響箏葉銅鈸等，各具兩事當道場門，東西兩邊相對列坐。」又云：「門外諸樂一時動作（散華、佛曲，曲終即止）。」

七七、從弟子四人、六人、十人之典據

同經云：「有四弟子，輿供養具、香水等器從阿闍梨。」又云：「次阿闍梨把香爐出領六弟子，一一弟子各執一事。」又云：「次阿闍梨把跋折囉喚十弟子至堂前立。」

七八、受者加持典據

同經第七日之灌頂前之作法云：「次作護身印於一一弟子身上，為作護身，印身之法，如軍荼利法中所載。」

七九、庭儀及堂上法事之典據

『陀羅尼集經』弟十三都會道場法品云：「次阿闍梨把跋折囉

喚十弟子至堂前立，一人擎蠟燭，一人捧香爐，一人擎花盤，一人擎香盤，一人執巾，是五人等引阿闍梨在前而行，其阿闍梨在後而出隨五人後。又令五人，一人把澡瓶，一人擎三衣，一人擎白芥子盤，一人擎末香盤，一人擎安息香盤。次後音樂，各皆前後次弟作行從阿闍梨，阿闍梨執跋折囉，仍數輪轉跋折囉行，作梵讚唄往迎受法諸眾徒，眾等見阿闍梨來，起立作行，阿闍梨到已，香爐迴引於前立住，燭及香花音樂皆各在於彼門兩廂行立，次阿闍梨進到門側。」

八十、還列儀式之准據

同經云：「與灌頂竟，即著淨衣入於道場，加以紫蓋，迎禮法事，一准闍梨威儀進止，至壇西門教令三禮依本位坐。」

八一、於三昧耶戒場阿闍梨左巡行，受者右旋行，兩者共由乾角壁代內入。

左表眾生界、阿闍梨是果人故，下轉表化他而左旋。右是表佛界，受者是因人故上轉表進趣而右旋。又大阿、受者同共由乾之隅入圍幕中，即且隨世俗轉，避艮之鬼門故歟。（可問明師！）

私云：戒壇繞行之法，是隨日月之行度以右旋為法式，此乃是顯密共通之作法也，故阿闍梨受者共右旋，何也？其實際是阿闍梨引受者入戒壇之所以也，台密已然，然於東密，阿闍梨經未申之角而示如右旋之態度，乍卻退之，而左旋入幕，傳聞高祖大師於高雄山寺，當最初開壇之時，戒場未申角邊之空中忽顯現惠果和尚之影相，而向之禮拜，後為避通過其前，殊更為左旋故，爾後之阿闍梨即學高祖之芳躅而左旋。果然如此對現在凡夫之阿闍梨而言，無法拜見祖宗之影相，隨法以右旋敢有差錯乎？如何。

八二、大壇線之引樣

『大日經』具緣品云：「傳法阿闍梨如是應次取五色修多羅，稽首一切佛大毘盧遮那，親自作加持，東方以為首，如是南及西，終竟於北方。」此壇線之本據也。大疏第五釋云：「然後阿闍梨至道場門前普禮運心，稽首頂禮十方一切諸佛，亦如上說，然後持五色線向曼荼羅位立而頂戴，次觀自身作毘盧遮那，經所謂大毘盧遮那而自作加持也。所以然者，以大日如來是此大悲胎藏阿闍梨，復次行者應知護法八位，凡所造作曼荼羅隨此而轉，東方因陀羅，次第隨轉至南方燄魔羅，西方嚩嚕拏，北方毘沙門，東北伊舍尼，東南為護摩，西南涅哩底，西北為嚩庚。」

壇線在金剛頂部沒有說了，故不問胎金，壇線之縒方是白赤黃青黑，依胎藏之色法順序縒之。又其壇上之引方亦下轉之，於胎藏之壇場修金界是表示不二之傳，又於灌頂壇，金界之壇線是依白青黃赤黑之順序縒線，線上轉而引迴。檜尾『金剛界御口訣』云：「又懸金剛線如前由艮角始瓶莖一匝行（以末加本上）」。又『攝眞實經』中云：「責黃赤白及什色」。又云：「其諸佛身第一白色、第二青色、第三金色、第四紅色、第五什色。」東方阿閦是破魔三摩地故現青色，即調伏之色也，淨菩提心堅固不動能破魔故。南方寶生是能令滿願之三摩地，故金色也，大悲萬行能圓滿眾生界之所願故。西方無量壽是除散亂之三摩地，故現紅蓮華色，赤色能引人目專注故。北方不空成就佛是無怖畏之三摩地，故五色什也。上之三佛三摩地之功德具足而隨一切眾生之性欲成就所願不空故，以之可知色法之順次。

八三、執行灌頂之星宿日時的選擇

『大日經疏』第四云：「所以須順世諦者，以勝義曼荼羅微妙寂滅，醇信白心，人尚難信受，況懷疑慮乎。以所度人曾習韋陀祠典伎藝明處，若見造曼荼羅時分舛謬，慮恐致不吉詳便生疑惟言，我聞總持智慧者無所不達，而今觀之，尚不能擇得好星善時，況餘深事乎。由之疑師疑法，故失堅信力反招重罪，故須順彼情機也。」私云今貫用甘露日與金剛峰日或烏兔太陽值中之日為之。

八四、灌頂門前洒水之典據

『大日經疏』第五云：「先當取如法淨瓶，汲清潔之水，如法灌漉，中置五寶五穀，又取種種香水，眾妙華果枝插中，種種莊嚴，用鮮淨帛綵繫頸，皆應依供養次第辟除去垢，既加持竟當置在白壇先所規畫壇門之外，欲入曼荼羅以此洒之，令彼宿障淨除方得見曼荼羅也。」

八五、三重之壇與三重灌頂

有人云：「遇流通教，精進修行同本尊，本尊引入嘉會壇，聞此會說法入自性會，自性會者自證也，秘密壇也。遇流通教之時入諸尊大悲壇灌頂。」

今此三重之灌頂是次第證入之儀式也，又大悲壇之灌頂是結緣灌頂也，嘉會壇灌頂是傳法受明歟。此二是對實類之機，故加持世界之作法也。秘密壇之灌頂是初地以上分得於十地至乃佛果之究竟圓滿，即自性會之灌頂也。又一傳云：秘密灌頂是自性法身之灌頂，嘉會壇是他受用身之灌頂，大悲壇是變化身等流身之灌頂。

八六、三昧耶戒場之無言行道

三昧耶戒場之持金剛眾之無言行道當然是結界戒壇，此行道結界是限於壁代以內之戒壇歟。又廣為包括職眾座位等之戒壇總體的結界即有二意，一是戒壇上之大阿闍梨即廣為戒道場總體之結界，職眾之無言行道是如所見壁代以內之戒壇結戒。一是壇上之大阿闍梨即單為壁代內之結界，職眾之無言行道是以觀心來結界總體戒道場。又於戒道場有作法界不作法界之二種，於中三戒場是作法界也。大曼荼羅供等之無言行道准知之。

第四　曼荼羅部

第四　曼荼羅部

一、曼荼羅之三色界道與五色界道之表示

『尊勝佛頂修瑜伽法軌』卷下云：「第二院外緣畫三道，白黃赤表三佛頂之義，亦是戒定慧三學義也。第三院外緣畫五道，白黃赤青黑，此表五佛頂五智之義。」

二、三品曼荼羅

『尊勝佛頂修瑜伽法軌』下云：如上諸聖眾，如法一一具畫本形像，名為上曼荼羅，若單畫印契於蓮華台，上書種子梵字光燄圍燄，或但寫梵種子字者，號曰下曼荼羅。」『慈氏菩薩念

誦法』下云：「若不辦上法中下亦得，若中曼荼羅畫印契，若下曼荼羅單畫蓮花台，上畫種子字，若更事急不得廣辦曼荼羅，單畫名字亦得。」『大日經疏』第十三云：「復次造壇有上中下法，若弟子財力豐贍堪能廣辦者，師即當作畫色像之壇，為示本尊身本印之相故，若力不能辦，而作字壇，即犯秘法隱覆之罪，若觀弟子心，然資力不辦者，作字曼荼羅，即於置佛之處畫作阿字，即是如來之體也。」

以上是善無畏三藏之說也。以大、三、法之三曼，如次為上中下之意也。而不單說座位之曼荼羅，若急要時單畫名字亦得也。『一字佛頂輪王經』第五云：「如是圖畫佛形像、菩薩形像、金剛形像，乃至天龍鬼神形像，是名上壇，其中壇者，各於一一華座台上，皆以其粉，各作本佛印、作菩薩印、作金剛印、乃至諸天龍鬼神印，是等印上繞有火焰，是名中壇，其下壇者亦以五色粉作佛座位、菩薩位、金剛座位，惟作華座乃至諸天龍神鬼神座位。」

此經是唐菩提流支三藏所譯也。尊形與印契與座位以為上中下之三曼荼羅，什密不立法曼歟，須仰明師口訣。

三、廣略之曼荼羅

『陀羅尼集經』第十三都會道場印呪品云：「坐數多少，位隔寬窄，隨其施主供具多少，加減而作。」又云：「若為國王大臣長者具有種種上妙供具，七寶器等，阿闍梨有眾多聰明快利弟子，應作廣壇，若其施主乏少種種上妙供具，七寶器等，阿闍梨無眾多聰明快利弟子應作略壇。」

此經是『唐阿地瞿多三藏之譯』，廣略是依座位之多少，其多少是依施主之貧富與阿闍梨之有無聰明的快利弟子依之，故云：「廣者十六肘，內作二百九蓮花坐位，所言略者十六肘內百三十九蓮花座位以知之。」

四、三昧耶曼荼羅之殊勝

『瞿醯經』中云：「其所說形像之法，若不具足即有難起，最後第三，處所總空亦不為吉，中間契印，非過非空，最是微秒，如法供養皆有靈驗，亦復易作能表其尊，是故慇懃，應用契印作曼荼羅。」

五、諸曼荼羅起首通用日沒

『瞿醯經』上云：「然諸曼荼羅皆於日沒之時起首而作，明相未動要須撥遣。」日沒起首，明相未動撥遣破壇，是以灌頂之作法為秘密之所以也。

六、曼荼羅三種之壇

一是大日之曼荼羅也，大日為中台成立三重之都會壇，即如現圖曼荼羅。二是諸尊各別之曼荼羅，以一門之佛菩薩等為中台，以自部之眷屬為第二第三重。三是以一門之佛菩薩明王天等為中台而成立三重都會壇曼荼羅，此是與大日之曼荼羅無異也。

七、又曼荼羅之三重

一是自內證之曼荼羅，即是大日如來自證極位之曼荼羅，為能現之曼荼羅也。二是加持之曼荼羅，即對緣所現之曼荼羅，三是造作之曼荼羅，即阿闍梨所畫作之心外事業曼荼羅也。

自證極位之曼荼羅是即法界曼荼羅，加持之曼荼羅有即質加持與離質加持，即質是加持門之壇，離質是加持世界之壇，心外事業之曼荼羅雖亦有加持之分際，但如加持曼荼羅一樣非心內所現故特為造作之曼荼羅云。

八、胎藏曼荼羅三部分別

就之古來有二說：一是『大日經疏』第五所說，即於第一重上下中通為佛部，以右為蓮華部、左為金剛部，准之第二重第三重亦以中為佛部右通為蓮部左通為金部，此即中胎與遍知院與文殊院及釋迦院與持明院與虛空藏院為佛部，觀音院與地藏院為蓮華部，金剛手院與除蓋障院之兩院為金剛部，外金剛部院在興教大師『胎藏沙汰』云：「天等曼荼羅，分三部被分三部，或乍四方釋迦眷屬。」一是『攝大儀軌』之說，以中胎及上方之遍知院為佛部，觀音文殊地藏除蓋障虛空藏之五院為蓮華部、金剛手不動勝三世釋迦世天之四院為金剛部，是則以一曼荼羅之院院以義類相從說而分屬三部。

九、以胎藏曼荼羅中胎之右為蓮華部，以左為金剛部

右是智故為金剛部，左為理故屬蓮華部，然相翻之所以是中央四方以配五行時，北是水故為蓮華部，南是火故為金剛部。『大

日經疏』第四云：「土曜持中胎藏，水持右方蓮華眷屬，金持左方金剛眷屬，木持上方如來果德，火持下方大力諸明。」即此意也，法門之建立無盡也，不可局於一途。

十、支分生之曼荼羅之兩種

『大日經疏』第三具緣品疏云：「今欲說曼荼羅圖位故，還約佛身上中下體，以分部類，自臍以下現生身釋迦，示同人法及二乘六趣種種類形色像威儀言音壇座各各殊異，及其眷屬展轉不同，普於八方，如曼荼羅本位，次第而住。自臍以上至咽，出現無量十住諸菩薩各持三密之身，與無量眷屬，普於八方，如曼荼羅本位，次第而住。然此中自有二重，從心以下，是持大悲萬行，十佛剎微塵諸大眷屬，從心以上是持金剛密慧，十佛剎微塵諸內眷屬，通名大心眾也。從咽以上至如來頂相，出現四智四三昧果德佛身，即此八身，亦於八方，如曼陀羅本位次第而住。」

此釋之意是臍以下為第三重，臍以上至心是第二重。心以上至咽是第一重，咽以上至頂是中胎八葉之果也。

同疏第五云：「上文所説從大日如來臍以下光明是此第三重位，自臍以上至咽所出光明為第二重位，自咽以上乃至於頂相之光為第一重位，其中胎藏即是毗盧遮那自心八葉華也。」

此釋之意是臍以上至咽是第二重，由咽以上至頂是第一重，中胎藏是遮那之內心也，故以上之釋有其不同可知。杲寶會此相違而云：「兩文各具一義，旨趣可歸一途也。謂當段意，汗栗馱心居身內故配中胎藏，以身分配外三重壇，上文為表佛果尊高，以頭頂配中胎，最上最中橫豎雖異，表示總德大旨是一也。」

十一、於曼荼羅第三重示現大日如來隨類之身

『大日經疏』第五云：「如上所說，菩提心為因，大悲為根，方便為究竟者，即是心實相華台，大悲胎藏開敷，以大悲方便，現作三重普門眷屬，以是義故，名為大悲胎藏曼荼羅也。如於一世界中，普現六趣隨類之身，於一切世界中，亦復如是，於彼彼眾同分中，最為上首，其所說法，亦於彼法之中，微秒第一，復由此義，普能攝受無盡眾生故，毘盧遮那名為法界王也。今此上首諸尊，同共集會，印持如是法故，彼一切同類眾生，各各生希有心言，我之所尊無與等者，亦復在此眾中，當知此法甚為希有，以生希有心故，隨於一切法界門而種善根，乃至

長夜興不善根，欲破壞正法者，既至道場，見彼所宗奉大天，又蒙不思議法食之施，惡心即滅棄捨魔事，或生一念隨喜之心，以生一念淨心故，便可於中開出大悲胎藏曼荼羅也。」

此釋之意是彼外道等見到所宗奉之大天等在曼荼羅中，即生起希有之心，以之引入佛法即較易也。

又『五大院教時義』第二云：「大日如來示現外道天仙之身，在第三重，引彼所部外道天仙入曼荼羅之時，彼天仙等見我所尊在下位中，即生卑下之心易受佛化。」

此釋之意是見在下位之中易受佛化為除其慢心故也，此兩釋之別知之。又能同是權類故，雖居曼荼羅中，所同即以實類故是否可以列在曼荼羅之界，就此有本有修生之二義，若約本有一切眾生本來毘盧遮那故住於秘密曼荼羅是無以爭論，若約修生者『教時義』第二云：「一切三乘六道引入曼荼羅時雖未果證，而始與灌頂授金剛號，從此方託大悲胎藏之中，名為生諸佛家。」以之可了解也。

十二、四天王名字翻譯

『翻譯名義集』第二云：「東方提頭賴吒，秦言治國，又云持國，又翻安民。南方毗留勒叉，秦云增長，亦翻免離。西方毗羅博叉，秦言什語，又翻惡眼亦翻廣目(取意)。」毗沙門如後。

十三、毗沙門之譯語與名義

嘉祥『法華義疏』第十二云：「毗沙門是北方天王，此云多聞，恒護道場常聞說法故云多聞。」『新華嚴音義』上云：「毗沙門具正云鞞室羅懣囊，此云多聞，謂此王福德多處知聞也，或曰毗遍也，沙門聞也，謂諸處遍聞義同前譯，或曰毗云伊也。此王本名俱吠羅，後於一時佛正為眾說法，其王乃被袈裟來入會中，時眾咸怪互相謂言，伊是沙門，伊是沙門，從此與號毗沙門。」『攝大儀軌』中云：「天王八兄弟門西東各四。」『北天曼荼羅私記』(金剛秀記)云：「四大天王過去兄弟，護三世佛法，八大夜叉現在兄弟，隨順天王護持行者。」

十四、金剛界曼荼羅四門之毗那耶迦

『蘇婆呼童子經』所說之摧壞部、一牙部、龍象部、野干部等四部，毗那耶迦是金剛界曼荼羅四門之毗那耶迦也。前四部之毗那耶迦如次配東南西北也。

十五、毗舍遮鬼之翻名

『翻譯名義集』第二云：「毗舍遮此云啖精氣，噉人及五穀之精氣，梁言顛鬼（取意）。」『一切經音義』第二十五云：「餓鬼中勝者也。」寬信法務『十一面經鈔』云：「此云狂鬼亦曰朱色鬼。」（註：大佛頂云廁神）（取意）。

十六、四方四大護曼荼羅中之住處

『大日經』第三轉字輪曼荼羅行品第八及同大疏之意是安於第一重之四門。眞興胎藏軌解釋中云：「四方大護圖中闕之，可在第一重內。」然在『要略念誦經』即安於第三院之四門。私案云第一重第二重第三重之各四門可以安之歟，請仰明師之訣可也。

十七、曼荼羅界道之差別

五大院之持誦不同第七云：「大悲壇五色為界道，成就壇五股為界道。秘密壇十字為界道，十字即羯磨杵也。」

十八、各尊別壇曼荼羅有二途說

一是各各別會即以本尊以為第一院，以其眷屬為第二院，以八部眾為第三院。二是一類之聖尊共會成別壇，所謂第一重內三部諸尊共成一會，第二重內四菩薩共成一會也，是時或以觀音為中尊安置第一重，以之金剛手院、遍知院、五大院等諸尊為第二重眷屬，以八部眾為第三重也。又於四菩薩之中以文殊為中尊安第一重者，餘之三菩薩及其眷屬安以第二重，八部眾以為第三重，意得了解也。

十九、胎藏曼荼羅之建立亦有二意

『三井最珍鈔』云：「年來思之胎藏曼荼羅建立有二意，一謂大悲曼荼羅者可觀頭彌山等九山八海也，此密嚴海會同居宛然故也。不離穢土即觀寂光。

二十、於大日經中說三種之曼荼羅品

於三十一品之中具緣品說尊形曼荼羅，轉字輪品說種子曼荼羅，秘密曼荼羅品說三昧耶曼荼羅也。

二一、白檀九位之曼荼羅等

古傳云：「白檀九位之曼荼羅即是行者因地自證，普賢金剛性海位，即本有。四重圓壇是佛果，即毘盧遮那無盡莊嚴藏位。

成佛神變之曼荼羅是加持位也。如次之本有，初地與佛果三重，又是法報應化之三身之化導也。」

故也。二者秘密曼荼羅品意，秘密壇者不觀須彌等，只觀大海，大海中有金剛蓮華，華台上胎藏曼荼羅也。今所行用儀軌不觀妙高山等，此即秘密壇意也。今準此經文，并釋意，此義必定，幸甚！」杲寶師評云：「此釋契理，但縱雖觀須彌山等又可有此二義，義訣釋可見之。」

二二、四重曼荼羅之異說

一者大疏第三云：「第一重金剛手等諸內眷屬，第二重摩訶薩埵諸大眷屬，第三重一切眾生喜見隨類之身。」依此釋以內眷屬、大眷屬、生身眷屬等周圍四方為四重。此無現圖。

二是大疏第六云：「第一重伊字三點諸內眷屬，第二重四菩薩等諸大眷屬，第三重一切世天眷屬。」此即大疏第五所釋及第六卷之阿闍梨所傳曼荼羅。第一重三點眷屬者，中如來部遍知院等，左金剛手院，右現音院也。如次，法身、般若、解脱之三點也；第二重四菩薩者文殊、除蓋障、地藏、虛空藏也。三即大疏第三云：「今此中妙法蓮華曼荼羅義，毗盧遮那，本地常心即是華台具體，四佛四菩薩、醍醐果德，如眾實俱成，十世界微塵數，金剛密慧，差別智印，猶如鬚蘂，十世界微塵數，大悲萬行波羅密門，猶如華藏三乘六道無量應身，猶如根莖條葉，發暉相間。」是以中台為華台之總體，以四佛四菩薩為台實，執金剛為鬚蘂，以諸菩薩為八葉，以釋迦為條葉，即以一朵蓮華為一曼荼羅也。四者現圖曼荼羅，第一重是三點眷屬，如前准知之。

第二重是釋迦，第三重是文殊、除蓋障、地藏，虛空藏。此外，外金剛部圍繞之，故除中院前後四重，左右三重也。又此外具緣品有說支分生之曼荼羅，此非可圖畫者，深秘之故，教相談義乃忌戒者也。

追加

追加

一、醍醐流許可灌頂之壇線

醍醐流兩部合行之許可灌頂之大壇壇線有云：引作兩部不二之佛。其樣，東北角金、東南角胎、西南角金、西北角胎也。

二、尊勝佛頂修瑜伽法軌儀

上下二卷善無畏三藏作，豐山版錄外軌初二。

三、慈氏菩薩略修愈誐念誦

上下二卷善無畏三藏為教授法資喜無畏所作。右兩軌是總依金剛界式也。

四、陀羅尼集經以造經像家為不淨處之文

同經云：「眞言行人諸死亡家乃至、媱女家、造經像家皆不得往，亦不得食。」

無信仰唯為營利而造經像賣於四方，求非道之利故為不淨處也。

五、袈裟實非三衣之名

『南海寄歸傳』第一云：「袈裟（加沙）乃是梵言即乾陀之色」。同第二云：「北方諸國多名法衣為袈裟，乃是赤色之義，非律文典語。」『南山業疏』四上云：「然袈裟者本翻染色，實非衣名，

故云應作袈裟色。即壞色也。何干名體，故六味有袈裟味。可是衣也如十誦中翻為敷具，謂三衣相方若氈蓆也。四分翻者以為臥具，如今被衾，相漸親也。如多論云：臥具者是三衣名，如戒疏解，終非本服不知何名。』『靈芝元照濟記』四上云：「二律並取方相以翻，多論所釋正定其名，未知袈裟從何為目，仍指戒疏見捨墮中彼云但以三衣總號，此土先無，不知何物，而廣長之相同彼被具故，即相翻云臥具等。」

六、悉曇摩多體文定慧男女聲分別

體文之𑖎𑖏𑖐𑖑𑖓𑖔𑖕𑖖𑖘𑖙𑖚𑖛𑖝𑖞𑖟𑖠𑖢𑖣𑖤𑖥
遍口之𑖧𑖨等之十字，摩多之𑖀𑖁𑖀𑖽𑖀𑖾之三十四字是男聲智慧門之字也。𑖂𑖃𑖄𑖅𑖊𑖋𑖌𑖍八摩多及別摩多之

𑖋𑖌𑖍𑖎之十二字是女聲定門之字也。又體文之𑖒𑖗𑖜𑖡𑖦五字是表大空遍於定慧中，如虛空之遍一切處。以𑗁等之摩多為名女聲者諸字𑗁等加點則其字聲轉而更成異音，生出新文字故云女聲，如女人有從生之功，亦名三昧之聲，發心諸功德以三昧為本故也。然於金剛頂開題釋𑖀字之十二點云：「又第一字根本字母是為本體名男聲，次聲女聲。」此釋是以𑖁·𑖀𑖽·𑖁𑖾之三字屬女聲歟。猶須審決者也。

七、出家唄本據

『諸德福田經』（西晉沙門釋法立矩共譯）云：「佛告天帝，眾僧有五淨德，名曰福田，供之得福，進可成佛。何謂為五，一者發心離俗懷佩道故，二者毀其形好應法服故，三者割愛辭親無適莫故，四者委棄軀命遵崇道故，五者志求大乘欲度人故，以此五德名曰福田，為良為美為無旱澇。供之得福難為喻矣。爾時世尊以偈頌曰：毀形守志節，割愛無所親，出家弘聖道，願度一切人，五德超世務，名曰最福田，供養獲永安，其福第一尊。」無適莫者無親疏之謂也。

八、諸寺大門之二王與不可越及相向守門者

長慶公之『三家次第』云：「諸寺大門以金剛力士配之」。

九、等引與等持及等至之差別

等引者梵云三摩呬多，唯定心之作意專注也。言等引有二意，一是等而引之名等引，即是身心安和而平等，定力能引生此等故云等引，生等之引故第六囀之所屬聲之能所生別體之依主釋也。二是引生為等故云等引，謂入定前之加行等云。此前加行等能引生在定位故，從前加行而名等引，即全取他名之有財釋也。等持者梵云三摩地。五別境之定心所能夠平等持其心心所法專注轉於一境，故通定散，即持其心心所法使平等故云等持，一體兩用之持業釋也。等至者梵云三摩鉢底，此亦有二義，一云等至謂在定之時，以定之心所勢力使身心均等至安和之相之位，故云等至，即至於等之義也。二云定前之加行中由制伏沉掉等之平等力令至安和之位云等至也。

十、大日經疏最珍鈔

最珍鈔是三井寺之僧眞圓之記也。

十一、傳法灌頂式文之作者

三昧耶戒序二卷：授三昧耶戒文一卷

三昧耶戒灌頂文一卷，三昧耶戒表白一卷

平城天皇灌頂文一卷，嵯峨天皇灌頂文一卷

眞言宗灌頂御願記

以上　弘法大師御作

灌頂儀軌，釋疑鈔云：檜尾僧都式是歟

實慧僧都作

追加

菩提心戒儀一卷：安祥寺惠運作
灌頂通用私記三卷南池院源仁作　又傳大師御作
野澤通用式
灌頂式一卷：神日律師作
金剛界入曼荼羅受三昧耶戒行儀一卷
　金剛界受明灌頂作法次第一卷
　金剛界授大灌頂作法次第一卷
　胎藏界入曼荼羅受菩薩戒行儀一卷
　胎藏界受明灌頂作法次第　一卷
　胎藏界授大灌頂作法次第　一卷
　以上　水尾禪門寺玄靜作
三昧耶戒理界智界私記　三卷　保壽院覺成

大僧五作

三昧耶戒式　一卷　般若寺觀賢僧正作

具支灌頂式　一卷　延命院元杲作

傳法灌頂式　三卷　三寶院勝覺作

灌頂私記　三帖　遍智院實勝作

具支灌頂私記並教授次第　金剛王院聖賢作

灌頂私記三卷　遍智院實勝作

傳法灌頂式三卷　子島眞興依玄靜式作之

灌頂私記三卷　中性院賴瑜作

灌頂私記　三卷　靈雲寺淨嚴律師作

三寶院慧琛方所用法式是三寶院勝覺之作歟。然在三昧耶戒式有脱羯磨之文，直接説戒相，就之得戒有三歸得與羯磨得

追加

二種，但戒相非可得故，不説羯磨而説戒相甚非也，賴瑜自作之中性院流三卷式有註此。

附錄：《一真法句淺説》

悟光上師《證道歌》

一真法句淺說

嗡乃曠劫獨稱尊，（句）大毘盧即我身，時窮三際壽無量，體合乾坤唯一人。（文）

嗡又作唵，音讀嗡，嗡即皈命句，即是皈依命根大日如來的法報化三身之意，法身是體、報身是相，化身是用，法身的體是無形之體性，報身之相是無形之相，即功能或云功德聚，化身即體性中之功德所顯現之現象，現象是體性功德所現，其源即是法界體性，这體性亦名如來德性，佛性，如來即理體，佛即精神，理體之德用即精神，精神即智，根本理智是一綜合體，有體必有用，現象万物是法界體性所幻出，所以現象即实在，當相即道。宇宙万象無一能越此，此法性自曠劫以來獨一無二的生存，故云曠劫独稱焉。此体性的一中有六種不同的性質，有堅固性即地、地並非一味，其中還有無量無邊處堅固性的原子，綜合其堅固性假名為地。是遍法界無所不至的，故云地大。其次處於濕性的無量無邊德性名水大，處於煖性的無量無边德性名火大，處於動性的無量無边德性曰風大，處於容納無礙性的曰空大。森羅万象，一草一木，無論動物植物礦物完全具足此六大。此六大之總和相涉無礙的德性遍滿法界，名摩訶毘盧遮那，即是好像日光遍照宇宙一樣，所謂大日如來。吾們的身体精神都是祂幻化出來，故云六大毘盧即我身，這毘盧即是道，道即是創造万物的原理，當然万物即是道体。道体是無始無終之灵体，沒有時間空間之分界，是沒有过去現在未來，沒有東西南北，故云時窮三陈的无量寿命者，因祂是整個宇宙為身，一切万物的新陳代謝為命，永遠在創造為祂的事業，祂是獨單的不死人，祂以无量時空為身，沒有與第二者同居，是個绝对孤單的老人，故曰体合乾坤唯一人。

虚空法界我獨步，森羅万象造化根，宇宙性命元灵祖，光被十方无故新。

祂在这无量无边的虚空中自由活動，我是祂的大我法身位，祂容有无量无边的六大体性，祂有无量无边的心王心所，祂有无量无边的万象種子，祂以蒔種，以各不同的種子與以滋潤，普照光明，使其現象所濃縮之種性與以展現成為不同的万物，用祂擁有的六大為其物体，用祂擁有的叡智精神（生其物）令各不同的万物自由生活，是祂的大慈大悲之力、祂是万象的造化之根源，是宇宙性命的大元灵之祖，万物生从何来？即从祂来，死从何去？死即归於彼处，祂的本身是光，万物依此光而有，但此光是窮三际的无量寿光，这光常住而遍照十方，没有新旧的差别。凡夫因执於時方，故有过去现在未来的三际，有东西南北上下的十方观念，吾人若住於虚空中，即三际十方都没有了。物质在新陈代谢中，凡夫看来有新旧交替，这好像机械的水箱依其循环，進入来为新，排出去为舊，根本其水都没有新舊可言。依代谢而有時空，有時空而有寿命長短的观念，人們因有人法之执，故不能窺其全体，故迷於现象而常沉苦海無有出期。

、隐顯莫测神最妙，璇転日月贯古今，貪瞋煩惱我密歸，

生殺威權我自興。文

毘盧遮那法身如來的作業名羯磨力，祂從其所有的種子注予生命力、使其各類各々需要的成分發揮變成各具的德性呈現各其本誓的形体及色彩，味道、將其遺傳基因寓於種子之中。使其繁衍子孫、這源動力還是元靈祖所賜。故在一期一定的過程後而隱沒、種子由代替前代而再出現、這種推動力完全是大我靈体之羯磨力，凡有看來的確太神奇了、太微妙了。不但造化萬物、連太空中的日月星宿亦是祂的力量所支配而運行不休息、祂這樣施與大慈悲心造宇宙萬象沒有代價、真是父母心、吾們是祂的子孫、卻不能荷負祂的使命施與大慈悲心、違逆的眾生真是辜負祂老人家的本誓的大不孝之罪。祂的大慈悲心是大貪、眾生欲負祂的本誓、祂會生氣、這是祂的大悲、但眾生還在不知不覺的行為中、如有怨嘆、祂都不理而致之、這是賜我們眾生好了地生活着、這是祂的大癡、這貪瞋癡是祂的心理祂本有的德性、本來具有的、是他的密號。祂在創造中不斷斷地成就眾生的成熟。如菓子初生的時只有發育、不到成熟不能食、故未成熟的菓子是苦澀的、到了長大時必須使其成熟故應予以殺氣才能成熟、有生就應有殺、加了殺氣之後成熟了、菓子就掉下來、以世間看來是死、故有生必有死、這種生殺的權柄是祂獨有、萬物皆然、是祂自然興起的、故云生殺威權我自興。祂恐怕創造落空、不斷地動祂的腦筋便要創造不空成就、這些都是祂為眾生的煩惱這煩惱還是祂老人家的本誓云密號、本有功德也。

六道輪迴戲三昧，三界匯納在一心，魑魅魍魎邪精怪，
妄為執着意生身。文

大我体性的創造中有動物植物礦物，動物有人類、禽獸、水族、蟲類等具有感情性欲之類，植物乃草木具有繁子孫之類、礦物即礦物之類。其中人類的各种機能組織特別靈敏，感情愛欲思考經驗特別發達，故為萬物之靈長、原始時代大概相安無事的，到了文明發達就創了禮教，有了禮教抓將教化使其反璞歸真，創了教條束縛其不致出規守其本分，卻成其反造成越規了，這禮教包括一切之法律、法律並非道之造化法律，故百密一漏之處在所難免，有的法律是保護帝王萬世千秋不被他人違背而設的，不一定對於人類自由思考有幫助，所以越嚴格越出規，所以古人

設礼出有大偽、人類越文明越不守本份，欲望橫飛要衝出自由，自由是万物之特權之性。因此犯了法律就成犯罪，罪是法沒有自性的，看所犯之輕重論處，或罰款或勞役或坐牢，期間屆滿就無罪了。但犯了公約之法律或逃出法網不被發現，其人心会悔而自責，誓不復犯，那麼此人的心意識就有洗滌潛意識的某程度，此人必定還会死後再生為人，若不知悔但心中還常感苦煩，死後一定墮地獄，若犯罪畏罪而逃不敢面对現実，心中恐懼怕人發見，這种心意識死後会墮於畜生道。若人欲望熾盛欲火沖冠，死後必定墮入餓鬼道。若人作善意欲求福報死後会生於天道。人心是不定性的，所以在六道中出沒沒有了時，因為它是凡夫不悟真理才会感受苦境。苦樂感受是三界中事，若果修到悟了道之本體，而道合一入我我入，成為乾坤一人的境界、即下觀此大道即是虛出現的現像，都是大我的三昧遊戲吧了。能感受所感受的三界都是心，不但三界、十界亦是心。故三界唯納在一心。魑魅魍魎邪精怪是山川木石等孕育天地之靈氣，然後受了動物之精液幻成，受了人之精液即能變為人形，受了猴之精液變猴，其他類推，這種怪物即是魔鬼，它不会因过失而懺悔，任意胡為，它的心是是一种執着意識，以其意而幻形，此名意成身。幻形有三條件，一是幽質，二是念朔材質，三是物質，比如說我們要畫圖，在紙上先想所畫之物，這是幽質，未動筆時紙上先有其形了。其次提起鉛筆繪個形記稿，此即念朔材質，次取來彩色塗上，就變成立體之相，都可亂真了。

喑啞聾殘廢疾、痲瘋纏縛自迷因、心生覺了生是佛，、心佛未覺佛是生。文

人們自出生時或出生了後，罹了喑啞、或眼盲、或耳聾或殘廢疾病、都由前生所作的心識有関、过去世做了令人憤怒而被打了咽喉、或眼目、或殘廢，或致了痲入膏肓而死、自己還不能懺悔、心中常存怨恨、這种潛意識帶來投生，其遺伝基因被其破壞，或在胎內或出生後会現其相。前生若能以般若來觀照五蘊皆空、即可洗滌前愆甚至解縛証道、衆生因迷不解於宇宙真理、執着人法故此也。人們的造惡業亦是心、心生執着而不自覺即迷沉苦海、若果了悟此心本來是佛性、心生迷境而能自覺了、心即回歸本來面目，那個時候迷的衆生就是佛了。這心就是佛、因衆生迷而

不覺故佛亦變眾生，是迷悟之一念間，人們應該在心之起念間要反觀自照以免隨波着流。

罪福本空無自性，原來性空無所憑，我這一覺超生死，慧光朗照病除根"文

罪是違背公約的代價，福是善行的人間代價，這都是人我之間的現象界之法，在佛性之中都沒有此物，六道輪迴之中的諸心所法是人生舞台的法，人們只迷於舞台之法，未透視演戲之人，戲是假的，演員是真的，任你演什麼奸忠角色，對於演員本身是毫不相關的，現像無論怎麼演變，其本來佛性是如如不動的，所以世間之罪福無自性，原來其性本空，沒有什麼法可憑依。戲劇中之盛衰生死貪富根本與佛性的演員都沒有一回事。法華經中的譬喻品有長者

子的寓意故事，有位長者之子本來是無量財富，閒出去玩要被其他的孩子帶走，以致迷失不知回家，成為流浪兒，到了長大還不知其家，亦不認得其父母，父母還是思念，但迷兒流浪了終於受傭於其家為奴，雙方都不知是父子關係，有一天來了一位和尚，是有神通的大德，對其父子說係他原來是父子，那個時候當場互為相認，即時回復父子關係，子就可以繼承父親的財產了。未知之前其子還是貧窮的，了知之後就成富家兒了。故喻迷沉生死苦海的眾生若能被了悟的大德指導，一覺大我之道就能超生死迷境了。了生死是了解生死之法本來迷境，這了悟就是智慧，智慧之光朗照，即業力的幻化迷境就消失，病魔之根就撥除了

阿字門中本不生、吽開不二絕思陳、五蘊非真業非有、

能所俱泯斷主賓」文

阿字門即是涅槃體、是不生不滅的佛性本體、了知諸法自性本空沒有實體，眾生迷於人法，金剛般若經中說的四相、我相、人相、眾生相、壽者相，凡夫迷着以為實有，四相完全是戲論、佛陀教吾們要反觀內照，了知現象即實在，要將現象融入真理、我與道同在、我與法身佛入我我入成為不二的境界，這不二的境界是絕了思考的起沒，識了妄譜念頭、靈明獨耀之境界，所有的五蘊是假的，這五蘊堅固就是世間所云之靈魂，有這靈魂就要輪迴六趣了，有五蘊就有能思與所思的主賓關係、變成心所諸法而執着、能所主賓斷了，心如虛空、心如虛空故與道合一，即時回歸不生不滅的阿字門，不然的話，迷着於色聲香味觸之法而認為真，被生起貪愛、瞋恚、愚癡等蓋佛性，把了生死苦樂感覺，諸法是戲論，佛性不是戲論，佛陀教吾們不可認識為實。

了知三世一切佛、應觀法界性一真、一念不生三三昧、應該知道三世一切的覺者是怎樣成佛的，要了知一個諸

我法二空佛印心。

的去觀這法界森羅萬象是一真實的涅槃性所現，這是過去佛現在佛未來佛共同所修觀的方法，一念生萬法現、一念若不生就是包括了無我、無相、無願三種三昧，這種三昧是心空，不是無知覺，是視之不見、聽之不聞的靈覺境界此乃一真法性當體之狀態，我執法執俱空即是入我我入，佛心即我心、我心即佛心，達到這境界即入禪定，禪是體

定是心不起、二而一、眾生成佛。釋迦拈花迦葉微笑印此端的，因為迦葉等五百羅漢，均是不發大心的外道思想意識潛在，故開了方便手拈畢波羅花飄動，大眾均不知用意、但都啞然一念不生注視着、這端的當佛印佛性本來面目，可惜錯过機会，只有迦葉微笑表示領悟，自此別開一門的無字法門禪宗，是惜了緣不能發大心都是獨善其身的自了漢。

菩薩金剛觀眷屬、三緣無住起悲心，天龍八部隨心所、神通變化攝鬼神。文

羅漢在高山打蓋睡，菩薩藏荒草，佛在世間不離世間覺，羅漢入定不管世事眾生死如在高山睡覺，定力到極限的時候就醒來，会起了念頭、就墮下來了。菩薩是了悟眾生

本質即佛德、已知迷是苦海、覺悟即極樂、菩薩已徹底了悟了、定就不怕生死、留惑潤生、拯救沉沒海中的衆生、如人已知水性了、入於水中会游泳，苦海要成泳池、衆生是不知水性故会沉溺，菩薩入於衆生群中、猶如一支好花入於蔓草之中、鶴立鷄群，一支獨秀，佛世間、衆生世間、器世間、都是法界佛性所現、在世間覺悟道理了、就是佛、所以佛在世間並無離開世間。佛是世間衆生的覺悟者菩薩爲度衆生而開方便法門、但有頑固的衆生不受教訓、菩薩就起了忿怒相責罰、這就是金剛、這是大慈大悲的佛心所徹露之心所，其体即佛，心王心所是佛之眷属、這種大慈大悲的教化衆生之心所、是沒有能度所度及功勞的心無住生心、歸納起來菩薩金剛都是大悲毘盧遮那之心。

此心印佛心，要度天或鬼神就變化同其趣。如天要降雨露均沾法界眾生就變天龍，要守護法界眾生就變八部神將，都是大日如來心所流出的。祂的神通變化是莫測的，不但能度的菩薩金剛、連鬼神之類都是毘盧遮那普門之一德，普門之多的總和即總持，入了總持即普門之德具備，這總持即是心。

無限色聲我實相，文賢加持重重身，聽我法句認諦理，一轉彈指立歸真之文

心是宇宙心，心包太虛，太虛之中有無量基因德性，無量基因德性即普門，色即現前之法，聲即法相之語，語即道之本体，有其聲必有其物，有其物即有其色相，無限的基因德性，顯現無限不同法相，能認識之本体即佛性智德

、顯現法相之理即理德、智法曰文殊、理法曰普賢，法界之森羅万象即此理智冥加之法，無量無边之理法及無量無边之智法，無論一草一木都是此妙諦至之冥加的總和，所是基因法性之不同，顯現之物或法都是各各完成其使命之相。若不如是万物即呈現清一色、一味、一相，都沒有各各之使命標幟了。這無限無量的基因德性曰功德，這功德都藏於一心之如來藏中，凡夫不知故認後天收入的塵法為真，將真而假合體，誤為阿賴耶識，自此沉迷三界苦海了。人們若果醒了，逆道理而覺悟，即不執于塵之地成佛了。

附錄：《一真法句淺說》—悟光上師《證道歌》

【全文】

嗡乃曠劫獨稱真，六大毘盧即我身，時窮三際壽無量，體合乾坤唯一人。
虛空法界我獨步，森羅萬象造化根，宇宙性命元靈祖，光被十方無故新。
隱顯莫測神最妙，璿轉日月貫古今，貪瞋煩惱我密號，生殺威權我自興。
六道輪回戲三昧，三界匯納在一心，魑魅魍魎邪精怪，妄為執著意生身。
喑啞蒙聾殘廢疾，病魔纏縛自迷因，心生覺了生是佛，心佛未覺佛是生。
罪福本空無自性，原來性空無所憑，我道一覺超生死，慧光朗照病除根。
阿字門中本不生，吽開不二絕思陳，五蘊非真業非有，能所俱泯斷主賓。
了知三世一切佛，應觀法界性一真，一念不生三三昧，我法二空佛印心。
菩薩金剛我眷屬，三緣無住起悲心，天龍八部隨心所，神通變化攝鬼神。
無限色聲我實相，文賢加持重重身，聽我法句認諦理，一轉彈指立歸真。

【釋義】

嗡乃曠劫獨稱真，六大毘盧即我身，時窮三際壽無量，體合乾坤唯一人。

嗡又作唵，音讀嗡，嗡即皈命句，即是皈依命根大日如來的法報化三身之意，法身是體，報身是相，化身是用，法身的體是無形之體性，報身之相是無形之相，即功能或云功德聚，化身即體性中之功德所顯現之現象，現象是體性功德所現，其源即是法界體性，這體性亦名如來德性、佛性，如來即理體，佛即精神，理體之德用即精神，精神即智，根本理智是一綜合體，有體必有用。現象萬物是法界體性所幻出，所以現象即實在，當相即道。宇宙萬象無一能越此，此法性自曠劫以來獨一無二的真實，故云曠劫獨稱真。此體性的一中有六種不同的性質，有堅固性即地，地並非一味，其中還有無量無邊屬堅固性的原子，綜合其堅固性假名為地，是遍法界無所不至的，故云地大。其次屬於濕性的無量無邊德性名水大，屬於煖性的無量無邊德性名火大，屬於動性的無量無邊德性曰風大，屬於容納無礙性的曰空大。森羅萬象，一草一木，無論動物植物礦物完全具足此六大。此六大之總和相涉無礙的德性遍滿法界，名摩訶毘盧遮那，即是好像日光遍照宇宙一樣，翻謂大日如來。吾們的身體精神都是祂幻化出來，故云六大毘盧即我身，這毘盧即是道，道即是創造萬物的原理，當然萬物即是道體。道體是無始無終之靈體，沒有時間空間之分界，是沒有過去現在未來，沒有東西南北，故云時窮三際的無量壽命者，因祂是整個宇宙為身，一切萬物的新陳代謝為命，永遠在創造為祂的事業，祂是孤單的不死人，祂以無量時空為身，沒有與第二者同居，是個絕對孤單的老人，故曰體合乾坤唯一人。

虛空法界我獨步，森羅萬象造化根，宇宙性命元靈祖，光被十方無故新。

祂在這無量無邊的虛空中自由活動，我是祂的大我法身位，祂容有無量無邊的六大體性，祂有無量無邊的心王心所，祂有無量無邊的萬象種子，祂以蒔種，以各不同的種子與以滋潤，普照光明，使其現象所濃縮之種性與以展現成為不同的萬物，用祂擁有的六大為其物體，用祂擁有的睿智精神(生其物)令各不同的萬物自由生活，是祂的大慈大悲之力，祂是萬象的造化之根源，是宇宙性命的大元靈之祖，萬物生從何來？即從此來，死從何去？死即歸於彼處，祂的本身是光，萬物依此光而有，但此光是窮三際的無量壽光，這光常住而遍照十方，沒有新舊的差別。凡夫因執於時方，故有過去現在未來的三際，有東西南北上下的十方觀念，吾人若住於虛空中，即三際十方都沒有了。物質在新陳代謝中凡夫看來有新舊交替，這好像機械的水箱依其循環，進入來為新，排出去為舊，根本其水都沒有新舊可言。依代謝而有時空，有時空而有壽命長短的觀念，人們因有人法之執，故不能窺其全體，故迷於現象而常沉苦海無有出期。

隱顯莫測神最妙，璿轉日月貫古今，貪瞋煩惱我密號，生殺威權我自興。

毘盧遮那法身如來的作業名羯磨力，祂從其所有的種子注予生命力，使其各類各各需要的成分發揮變成各具的德性呈現各其本誓的形體及色彩、味道，將其遺傳基因寓於種子之中，使其繁衍子孫，這源動力還是元靈祖所賜。故在一期一定的過程後而隱沒，種子由代替前代而再出現，這種推動力完全是大我靈體之羯磨力，凡夫看來的確太神奇了、太微妙了。不但造化萬物，連太空中的日月星宿亦是祂的力量所支配而璿轉不休息，祂這樣施與大慈悲心造宇宙萬象沒有代價，真是父母心，吾們是祂的子孫，卻不能荷負祂的使命施與大慈悲心，迷途的眾生真是辜負祂老人家的本誓的大不孝之罪。祂的大慈悲心是大貪，眾生負祂的本誓，祂會生氣，這是祂的大瞋，但眾生還在不知不覺的行為中，如有怨嘆，祂都不理而致之，還是賜我們眾生好好地生活著，這是祂的大癡，這貪瞋癡是祂的心理、祂本有的德性，本來具有的、是祂的密號。祂在創造中不斷地成就眾生的成熟。如菓子初生的時只有發育，不到成熟不能食，故未成熟的菓子是苦澀的，到了長大時必須使其成熟故應與以殺氣才能成熟，有生就應有殺，加了殺氣之後成熟了，菓子就掉下來，以世間看來是死，故有生必有死，這種生殺的權柄是祂獨有，萬物皆然，是祂自然興起的，故云生殺威權我自興。祂恐怕其創造落空，不斷地動祂的腦筋使其創造不空成就，這些都是祂為眾生的煩惱。這煩惱還是祂老人家的本誓云密號，本有功德也。

六道輪回戲三昧，三界匯納在一心，魑魅魍魎邪精怪，妄為執著意生身。

大我體性的創造中有動物植物礦物，動物有人類，禽獸，水族，蟲類等具有感情性欲之類，植物乃草木具有繁衍子孫之類，礦物即礦物之類。其中人類的各種機能組織特別靈敏，感情愛欲思考經驗特別發達，故為萬物之靈長，原始時代大概相安無事的，到了文明發達就創了禮教，有了禮教擬將教化使其反璞歸真，創了教條束縛其不致出規守其本分，卻反造成越規了，這禮教包括一切之法律，法律並非道之造化法律，故百密一漏之處在所難免，有的法律是保護帝王萬世千秋不被他人違背而設的，不一定對於人類自由思考有幫助，所以越嚴格越出規，所以古人設禮出有大偽，人類越文明越不守本分，欲望横飛要衝出自由，自由是萬物之特權之性，因此犯了法律就成犯罪。罪是法沒有自性的，看所犯之輕重論處，或罰款或勞役或坐牢，期間屆滿就無罪了。但犯了公約之法律或逃出法網不被發現，其人必會悔而自責，誓不復犯，那麼此人的心意識就有洗滌潛意識的某程度，此人必定還會死後再生為人，若不知懺悔但心中還常感苦煩，死後一定墮地獄，若犯罪畏罪而逃不敢面對現實，心中恐懼怕人發現，這種心意識死後會墮於畜生道。若人欲望熾盛欲火衝冠，死後必定墮入餓鬼道。若人作善意欲求福報死後會生於天道，人心是不定性的，所以在六道中出歿沒有了時，因為它是凡夫不悟真理才會感受苦境。苦樂感受是三界中事，若果修行悟了道之本體，與道合一入我我入，成為乾坤一人的境界，向下觀此大道即是虛出歿的現象，都是大我的三昧遊戲罷了，能感受所感受的三界都是心，不但三界，十界亦是心，故三界匯納在一心。魑魅魍魎邪精怪是山川木石等孕育天地之靈氣，然後受了動物之精液幻成，受了人之精液即能變為人形，受了猴之精液變猴，其他類推，這種怪物即是魔鬼，它不會因過失而懺悔，任意胡為，它的心是一種執著意識，以其意而幻形，此名意成身，幻形有三條件，一是幽質，二是念朔材質，三是物質，比如說我們要畫圖，在紙上先想所畫之物，這是幽質，未動筆時紙上先有其形了，其次提起鉛筆繪個形起稿，此即念朔材質，次取來彩色塗上，就變成立體之相，幾可亂真了。

喑啞蒙聾殘廢疾，病魔纏縛自迷因，心生覺了生是佛，心佛未覺佛是生。

人們自出生時或出生了後，罹了喑啞、或眼盲、或耳聾或殘廢疾病，都與前生所作的心識有關，過去世做了令人憤怒而被打了咽喉、或眼目、或殘廢、或致了病入膏肓而死，自己還不能懺悔，心中常存怨恨，這種潛意識帶來轉生，其遺傳基因被其破壞，或在胎內或出生後會現其相。前生若能以般若來觀照五蘊皆空，即可洗滌前愆甚至解縛證道，眾生因不解宇宙真理，執著人法故此也。人們的造惡業亦是心，心生執著而不自覺即迷沉苦海，若果了悟此心本來是佛性，心生迷境而能自覺了，心即回歸本來面目，那個時候迷的眾生就是佛了。這心就是佛，因眾生迷而不覺故佛亦變眾生，是迷悟之一念間，人們應該在心之起念間要反觀自照以免隨波著流。

罪福本空無自性，原來性空無所憑，我道一覺超生死，慧光朗照病除根。

罪是違背公約的代價，福是善行的人間代價，這都是人我之間的現象界之法，在佛性之中都沒有此物，六道輪迴之中的諸心所法是人生舞台的法，人們只迷於舞台之法，未透視演戲之人，戲是假的演員是真的，任你演什麼奸忠角色，對於演員本身是毫不相關的，現象無論怎麼演變，其本來佛性是如如不動的，所以世間之罪福無自性，原來其性本空，沒有什麼法可憑依。戲劇中之盛衰生死貧富根本與佛性的演員都沒有一回事。《法華經》中的〈譬喻品〉有長者子的寓意故事，有位長者之子本來是無量財富，因出去玩耍被其他的孩子帶走，以致迷失不知回家，成為流浪兒，到了長大還不知其家，亦不認得其父母，父母還是思念，但迷兒流浪了終於受傭於其家為奴，雙方都不知是父子關係，有一天來了一位和尚，是有神通的大德，對其父子說你們原來是父子，那個時候當場互為相認，即時回復父子關係，子就可以繼承父親的財產了。未知之前其子還是貧窮的，了知之後就成富家兒了，故喻迷沉生死苦海的眾生若能被了悟的大德指導，一覺大我之道就超生死迷境了。了生死是瞭解生死之法本來迷境，這了悟就是智慧，智慧之光朗照，即業力的幻化迷境就消失，病魔之根就根除了。

阿字門中本不生，吽開不二絕思陳，五蘊非真業非有，能所俱泯斷主賓。

阿字門即是涅盤體，是不生不滅的佛性本體，了知諸法自性本空沒有實體，眾生迷於人法，《金剛般若經》中說的四相，我相、人相、眾生相、壽者相，凡夫迷著以為實有，四相完全是戲論，佛陀教吾們要反觀內照，了知現象即實在，要將現象融入真理，我與道同在，我與法身佛入我我入成為不二的境界，這不二的境界是絕了思考的起沒，滅了言語念頭，靈明獨耀之境界，所有的五蘊是假的，這五蘊堅固就是世間所云之靈魂，有這靈魂就要輪迴六趣了，有五蘊就有能思與所思的主賓關係，變成心所諸法而執著，能所主賓斷了，心如虛空，心如虛空故與道合一，即時回歸不生不滅的阿字門。不然的話，迷著於色聲香味觸之法而認為真，故生起貪愛、瞋恚、愚癡等眾蓋佛性，起了生死苦樂感受。諸法是戲論，佛性不是戲論，佛陀教吾們不可認賊為父。

了知三世一切佛，應觀法界性一真，一念不生三三昧，我法二空佛印心。

應該知道三世一切的覺者是怎樣成佛的。要了知一個端的應觀這法界森羅萬象是一真實的涅盤性所現，這是過去佛現在佛未來佛共同所修觀的方法，一念生萬法現，一念若不生就是包括了無我、無相、無願三種三昧，這種三昧是心空，不是無知覺，是視之不見、聽之不聞的靈覺境界，此乃一真法性當體之狀態，我執法執俱空即是入我我入，佛心即我心，我心即佛心，達到這境界即入禪定，禪是體，定是心不起，二而一，眾生成佛。釋迦拈花迦葉微笑即此端的，因為迦葉等五百羅漢，均是不發大心的外道思想意識潛在，故開了方便手拈畢波羅花輾動，大眾均不知用意，但都啞然一念不生注視著，這端的當體即佛性本來面目，可惜錯過機會，只有迦葉微笑表示領悟，自此別開一門的無字法門禪宗，見了性後不能發大心都是獨善其身的自了漢。

菩薩金剛我眷屬，三緣無住起悲心，天龍八部隨心所，神通變化攝鬼神。

羅漢在高山打蓋睡，菩薩落荒草，佛在世間不離世間覺，羅漢入定不管世事眾生宛如在高山睡覺，定力到極限的時候就醒來，會起了念頭，就墮下來了，菩薩是了悟眾生本質即佛德，已知迷是苦海，覺悟即極樂，菩薩已徹底了悟了，它就不怕生死，留惑潤生，拯救沉沒海中的眾生，如人已知水性了，入於水中會游泳，苦海變成泳池，眾生是不知水性故會沉溺，菩薩入於眾生群中，猶如一支好花入於蔓草之中，鶴立雞群，一支獨秀。佛世間、眾生世間、器世間，都是法界體性所現，在世間覺悟道理了，就是佛，所以佛在世間並無離開世間。佛是世間眾生的覺悟者，菩薩為度眾生而開方便法門，但有頑固的眾生不受教訓，菩薩就起了忿怒相責罰，這就是金剛，這是大慈大悲的佛心所流露之心所，其體即佛，心王心所是佛之眷屬，這種大慈大悲的教化眾生之心所，是沒有能度所度及功勞的心，無住生心，歸納起來菩薩金剛都是大悲毘盧遮那之心。此心即佛心，要度天或鬼神就變化同其趣。如天要降雨露均沾法界眾生就變天龍，要守護法界眾生就變八部神將，都是大日如來心所所流出的。祂的神通變化是莫測的，不但能度的菩薩金剛，連鬼神之類亦是毘盧遮那普門之一德，普門之多的總和即總持，入了總持即普門之德具備，這總持即是心。

無限色聲我實相，文賢加持重重身，聽我法句認諦理，一轉彈指立歸真。

心是宇宙心，心包太虛，太虛之中有無量基因德性，無量基因德性即普門，色即現前之法，聲即法相之語，語即道之本體，有其聲必有其物，有其物即有其色相，無限的基因德性，顯現無限不同法相，能認識之本體即佛性智德，顯現法相之理即理德，智德曰文殊，理德曰普賢，法界之森羅萬象即此理智冥加之德，無量無邊之理德及無量無邊之智德，無論一草一木都是此妙諦重重冥加的總和，只是基因德性之不同，顯現之物或法都是各各完成其任務之相。若不如是萬物即呈現清一色、一味、一相，都沒有各各之使命標幟了。這無限無量的基因德性曰功德，這功德都藏於一心之如來藏中，凡夫不知故認後天收入的塵法為真，將真與假合璧，成為阿賴耶識，自此沉迷三界苦海了，人們若果聽了這道理而覺悟，即不起於座立地成佛了。

—完—

真言密教聞中記

譯者
大僧正
哲學博士 釋悟光上師

編輯
玄覺

美術統籌
莫道文

美術設計
曾慶文

出版者
資本文化有限公司
地址：香港中環康樂廣場1號怡和大廈24樓2418室
電話：(852) 28507799
電郵：info@capital-culture.com
網址：www.capital-culture.com

鳴謝
宏天印刷有限公司
地址：香港柴灣利眾街40號富誠工業大廈A座15字樓A1, A2室
電話：(852) 2657 5266

出版日期
二〇一八年六月第一次印刷

ISBN 978-988-77264-1-8
Published in Hong Kong